出国参展手册

进出口经理人编辑部 ◎ 组编

李璐 等 ◎ 编著

机械工业出版社
CHINA MACHINE PRESS

出国参展是推动企业"走出去"、提升中国产品竞争力和获取国外订单的最佳途径之一。近年来，大量出口企业走出国门，参加世界各地的国际展会，奋斗在外贸最前线。本书通过展览行业协会、展会主办方、参展企业、展会代理机构、展会服务机构等资深出展人的实际经验，着重介绍国际上知名展览、世界商展的变化和特点、新兴展会市场的发展、成功参展的流程及手段，让中国企业学会如何通过参加国际展会获取市场信息、取得外贸订单、促进技术进步。

图书在版编目（CIP）数据

出国参展手册/进出口经理人编辑部组编；李璐等编著 . —北京：
机械工业出版社，2020.8
ISBN 978-7-111-66021-7

I. ①出⋯　II. ①进⋯ ②李⋯　III. ①国际贸易 – 展览会 – 手册
IV. ①F743.3-62

中国版本图书馆 CIP 数据核字（2020）第 120035 号

机械工业出版社（北京市西城区百万庄大街22号　邮政编码100037）
策划编辑：赵晓晨　　责任编辑：赵晓晨
责任校对：李　前　　责任印制：刘晓宇
封面设计：郝子逸
北京宝昌彩色印刷有限公司印刷
2020 年 8 月第 1 版·第 1 次印刷
170mm×242mm·14.75 印张·110 千字
标准书号：ISBN 978-7-111-66021-7
定价：68.00 元

电话服务　　　　　　　网络服务
客服电话：010-88361066　机　工　官　网：www.cmpbook.com
　　　　　010-88379833　机　工　官　博：weibo.com/cmp1952
　　　　　010-68326294　金　书　网：www.golden-book.com
封底无防伪标均为盗版　机工教育服务网：www.cmpedu.com

编写委员会

主 任
周宝东

副主任
李 鸿　邱源斌

编委（按姓氏笔画排序）

马士英　王艺琳　王京东
左利杰　师欣欣　任恩杰
刘子桢　米亚赛·吐尔逊
李文兵　李 威　杨 明
何 婷　何缅芝　张 爽
张 琳　张雅竹　阿 杜
周 琪　周 祺　孟祥东
段 婧　耿 银　贾长乐
徐卫华　徐 佳　徐 涵
郭奕千　符 杰　梁瑞莉
戴丽君

序

20世纪90年代，中国外贸的先行者们为了开拓国际市场，开始走出国门，到国外参加展览，获取出口订单，促进了外贸产业的蓬勃发展。外贸的快速发展反过来又推动了出国参展行业的繁荣，在外贸发展中掀起了一个又一个出展的高潮。随着外贸企业出国参展热度的不断提高，中国迅速成为很多国外大型展览会的第一大参展国，很多热点展览摊位变得一位难求。"一带一路"倡议又引领出展向更多元的市场进发，每年中国展商在100多个国家和地区参展，足迹遍及世界各地。同时，参展的功能也越来越多元化，从最初单纯获取订单到树立品牌、学习先进技术、掌握行业趋势，扩展到市场考察、海外投资和吸引人才等。

如今，中国已经成为世界第一大贸易国，《进出口经理人》杂志一项持续了15年的"外贸服务市场调查"表明，出国参展始终是实现贸易出口的主要方式。可以这样说，出国参展为中国外贸的发展提供了强劲动力，为中国经济的腾飞做出了杰出贡献！

出国参展风起云涌，但出国参展的道路并不是一帆风顺的，全球范围内的大小波动都会牵动展览的运行，金融危机、地震海啸、政变动乱都曾经打乱了展览的步伐，特别是这次全球新型冠状病毒的大流行，致使国际航空中断，签证作废，几乎所有当季的展览全部延期甚至取消，出国参展摁下了暂停键，范围空前，影响深远，给外贸和出展业都带来了巨大的损失。

但历史的经验反复表明，没有一场灾难能熄灭外贸的前进动力，没有一次动荡能最终阻止出展的步伐。所以我们可以相信，在各国的共同努力下，新型冠状病毒疫情一定会被控制，展览行业一定会重新引领经济的全面复苏。

全球新型冠状病毒的蔓延，影响了几乎所有人的生活，工作受阻，聚会停止，行动受限，但也给了我们充足的时间来总结与思考。

《进出口经理人》杂志的主编、编辑、记者，多次受邀参观过很多展览，采访过很多参加国外展的中国展商、组团单位和主办机构，常常思考他们提出的问题：为什么有的中国展团不注重参展形象，为什么有的展商参展效果不好？哪些参展方式值得推崇，哪些参展习惯应该改变？出口企业怎样才能选择到最合适的展览，做哪些准备才能效果倍增？

《出国参展手册》为理清这些问题提供了可能。我们希望能用最简洁的语言总结参展的经验，细化到不同行业的出口企业如何根据自己的产品和市场战略正确选择国外展览，落实到展商去不同地区参展应该具有的最佳姿态。我们希望出口企业能用最少的时间和经济成本掌握国外参展的诀窍，使得出国参展事半功倍。

我们由衷地感谢几十位为本书提供智慧支持的专家，他们都是从事出国展行业 10 年以上的顶尖专家，他们认同我们的理念，加入到我们提升出展效果的行动中，为本书提供了专业、优质的内容，提出了很多极好的建议，使本书真正能够凝聚智慧，助推外贸发展。

出版《出国参展手册》不是这项工作的结束，而只是开始。我们要不断总结经验、提炼精华，不断补充更多行业和地区的篇章，吸引更多志同道合的专家共同工作，修订再版。在这一过程中，我们希望能把《出国参展手册》变成有用的工具，与出展人一道努力宣传，共同实践，优化择展，提升出展，在中国从外贸大国走向外贸强国的过程中做出我们应有的贡献。

出版说明

近年来,随着"一带一路"倡议的不断深化,中国企业出国参展的热情一浪高过一浪,出展规模不断扩大。在很多大型国际展览会上,中国展团都是第一大国际展团,中国已经成为国际展览中最有生机的力量。本书是一本实用的参展手册,介绍了国际上知名展会、世界商展的变化和特点、新兴展会市场的发展、成功参展的流程及手段,让中国企业学会如何通过参加国际展会获取市场信息、取得外贸订单、促进技术进步。

本书为那些计划出国参展的中国企业而量身订制,锁定外贸企业在各类商展中所面临的问题与挑战,为展览业界提供权威的信息资源及大量的建议。希望本书的出版为广大参展企业进入国际市场助一臂之力。

本书通过对行业协会、展会主办方、参展企业、展会代理机构、展会服务机构等资深出展人的实际经验和参展建议的介绍,获取成功参展的流程及手段,为出口企业描绘一条出国参展成功之道。本书既可以作为参展新手的教科书,帮助他们系统地学习出国参展知识;又可以作为工具书,供展商方便查阅,以解答实际参展中遇到的各种问题。

借此机会,我们向慕尼黑展览(上海)有限公司首席运营官徐佳、科隆展览(中国)有限公司总经理(出国展)米亚赛·吐尔逊、纽伦堡会展服务(上海)有限公司董事总经理郭奕千、Hyve Group 副总经理贾长乐、西麦克国际展览有限责任公司总经理杨明、北京恒立伟业国际展览有限公司总经理任恩杰、北京中商国际展览有限公司总经理耿银、飞屋环球国际展览(北京)有限公司总经理李威、北京东方益达国际展览有限责任公司副总经理何婷、杭州嘉诺展览有限公司会展服务事业群总经理周祺、中展世贸(北京)国际会展有限公司总经理刘子桢、北京中联国际展览有限公司总经理张琳、北京引企成国际会展有限公司总经理孟祥东、北京巨友华宇国际展览有限公司总经理李文兵、上海睦邻展览有限公司总经理王艺琳、北京中咨时代国际展览有限公司总经理戴丽君、北京鸿世通国际会展有限公司总经理马士英、北京中展环球国际展览有限公司总经理左利杰、上海逸岚国际会展服务有限公司总经理梁瑞莉、北京朗盛世纪展览有限公司总经理周琪、广州环球搏毅展览有限公司总经理徐涵、北京东方鹿鸣国际展览有限公司总经理徐卫华、北京辉煌魅力商务会展有限公司总经理段婧、远大国际展览有限公司副总经理张雅竹、远大展览工程公司首席商务王京东、北京阳光麦道展览服务有限公司运营总监张爽、汉诺威米兰展览（上海）有限公司、中国化工信息中心、拉码商务咨询（上海）有限公司总经理符杰、德马吉（全球）展览有限公司总裁师欣欣、印度光辉旅游总经理 VIKAS DUA（阿杜）、深圳市泰德胜物流有限公司副总经理何缅芝，以及其他给予本书智慧支持的出展人和机构致以诚挚的谢意。

  2020年，对于展览业来说是不平凡的一年，一场突如其来的疫情席卷全球，国内外各类展览会、商业活动纷纷取消、延期或调整。受时间限制，截至本书出版时，仍有部分展览会尚未确定是否举办，或未确定举办时间与地点，因此，使用者在依据本书开展业务活动时，请先核实相关信息。会展业是恢复经济的一剂良药，会随着行业回暖而快速复苏。对于外贸企业来说，只有把握好机会，才能取得胜利。

目 录

序

出版说明

第一章　国外展览概述 / 1

　　第一节　什么是出国展览 / 1

　　第二节　出国展览有何特点 / 2

　　第三节　为什么要参加出国展览 / 4

第二章　成功参展的关键 / 7

　　第一节　如何制订参展计划 / 7

　　第二节　如何选择商业展览 / 14

　　第三节　企业出国参展现状 / 18

　　第四节　出国参展流程 / 26

　　第五节　如何申请出展补贴 / 29

　　第六节　参展后的业务跟进 / 30

第三章　出展人讲展览 / 33

　　第一节　世界商展的变迁 / 33

　　第二节　Top10 大热门——最受中国企业推崇的境外展 / 42

　　第三节　年度展览 / 49

第四章　世界展览版图 / 50

第一节　世界大展的聚集地——德国 / 50

第二节　不容错过的展览市场——美国 / 51

第三节　"一带一路"展览的崛起 / 53

第四节　金砖展览 / 66

第五章　展览主办机构的参展建议 / 72

第一节　商展主办机构分布 / 72

第二节　国际知名主办方介绍 / 73

第三节　来自主办方的参展建议 / 86

第六章　核心行业、组展公司及展览分布 / 96

第一节　组展公司优势——不仅是提供展位这么简单 / 96

第二节　核心行业及展览推荐 / 101

第七章　关键的展览服务 / 199

第一节　如何选择靠谱的服务商 / 199

第二节　展运服务 / 200

第三节　展位搭建 / 205

第八章　成功参展小贴士 / 215

第一节　三大纪律八项注意 / 215

第二节　知识产权 / 216

第三节　常用网站、新媒体工具推荐 / 220

第四节　参展商常犯的 10 种错误 / 221

第五节　为什么需要参展人员专业培训 / 222

参考文献 / 224

第一章 国外展览概述

第一节 什么是出国展览

出国参展是推动企业"走出去"、提升中国商品竞争力和国际市场份额、为中国外贸发展提供支持的有效途径之一。

中国的出展业始于20世纪50年代,当时只有中国贸促总会代表国家来组织出国展览,是计划经济模式的出国展览。初期,我国只能出口石油、煤炭等资源密集型产品,后来慢慢向工业制成品等方面推进,我国出口产品也扩展到机械、手机产品、家电、汽车等产品。展览市场也随之发展,出国展览真正走向市场大约在20世纪90年代,随后的十几年发展十分迅速。

随着经济全球化的不断深入,不同国家、不同企业之间的联系和交流愈发紧密,国际贸易和跨国合作得到了飞速发展,作为贸易服务中的一部分,出国展也不断发展。在国家和各地方有关政策的有力支持下,我国出口企业参加国外展览,利用展会扩大对外交流的积极性越来越高,无论是在欧美发达国家展览上,还是在发展中国家的展览上,都能看到大批中国企业的身影。2013年中国超过美国首次位列全球货物贸易的第1位,成为全球最大货物贸易国是又一块里程碑,参展的功劳功不可没。在众多世界知名的展会上,中国都是海外参展商的第一大展团。如在世界最大的消费类电子及家用电子产品展览会——德国柏林国际消费类电子产品展(IFA)的1428家海外参展商中,中国企业有700多家,占据一半比例(auma,

2016）；在全球最大的休闲及园林用品展——德国科隆国际体育用品、露营设备及园林生活博览会（spoga+gafa）的 1670 家海外参展商中，中国企业有 500 多家，占据近 1/3（auma，2016）；在全球最大家纺用品展——德国法兰克福国际家用及商用纺织品展（heimtextil）的 2627 家海外参展商中，中国企业有 500 多家，占据 1/5（auma，2017）。

每年，中国企业参加的海外展会有数千个。大量中国企业远赴海外参展，组织与服务必不可少。据中国贸促会统计，截至 2018 年 11 月 13 日，经中国贸促会审批（会签商务部），全国共有 92 家组展单位实施出国展览项目。除了这些传统国有组展机构，2000 年前后，一大批民营出展企业应运而生，参与到中国企业赴海外参展的组织与服务中来。由于国内缺少这方面的管理组织，相关数据一直未能得到完整统计。目前，我国已经形成国营、中外合资、民营三大主体的展览公司格局。

第二节　出国展览有何特点

展览主题不同，展出者的构成不同，与会者、参观者构成不同，以及地域展在国内的市场情况不同，由此所构成的目标市场就不同，这就需要企业从中选择最能适合企业自身的展览会。

按展览内容，分为综合展会和专业展会两类。综合展会指包括全行业或数个行业的展会，也被称作横向型展会。如现在涌现出来的很多自办展，很多都是这种多行业的综合性展会。根据中国贸促会的统计，2014 年中国组展单位上报赴国外举办单独展项目的数量就有 146 个。专业展会指展示某一行业甚至某一项产品的展会，如服装展、钟表展。专业展会的突出特征之一是常常同时举办讨论会、报告会，用以介绍新产品、新技术。

按展览时间，分为定期和不定期两种。定期的有一年两次、一年一次、两年一次等。大型商展一年一次或两年一次的比较多，但也有一些著名的大展几年一届，如汉诺威国际消防装备展（INTERSCHUTZ）、欧洲国际纺机机械展（ITMA）等都是对应行业最大型的展览会，长达四年一届；世界第一大商展——慕尼黑国际建筑机械、建材机械、矿山机械、工程车辆及建筑设备博览会（bauma）（根据《进出口经理人》2019年世界商展100大排行榜），巴黎国际工程机械展（INTERMAT），杜塞尔多夫国际包装机械、包装及糖果机械展（interpack）都是三年一届；汉诺威国际农业机械展览会（AGRITECHNICA）和巴黎国际建材及设备展（BATIMAT）都是两年一届；美国国际消费类电子展（CES）、汉诺威工业博览会（HANNOVER MESSE）、科隆国际家具展（imm cologne）、科隆游戏展（gamescom）则是一年一届。在世界商展中，一年一届的展览比较多，而且大多以消费品为主，但是比如汉诺威工业博览会（HANNOVER MESSE）虽然是一年一届，但是有大小年之分，展品和规模有所差别。2017年是汉诺威工业博览会的大年，该展是全球规模最大的国际工业盛会，而2016是展会的小年，没有了动力传动与控制等主题。还有一些展览是一年两届，如意大利国际家居国际博览会（HOMI）、巴黎家居装饰博览会（maison & objet）、拉斯维加斯服装展（WSA&MAGIC）等，这些展览往往是消费类展会，并带有季节特点。

不定期展会则是视需要和条件举办，分长期和短期。长期展可以是3个月、半年甚至常设，短期展一般不超过1个月。

按展览场馆，分为室内场馆和室外场馆。室内场馆多用于展示常规展品的展览会，如纺织展、电子展。室外场馆多用于展示大型展品，如工程机械展、航空展。世界上很多国家的城市都有展馆，德国汉诺威展览中心室内面积有46万多平方米，德国法兰克福展览中心室内面积有36万多平方米，都属于巨无霸级别（见表1-1）。这些城市也是世界著名的展览城市，很多行业领先的展览都在这里举行。

表1-1 全球20大展览馆室内使用面积排名

排名	展馆名称	地点	面积/平方米
1	深圳国际会展中心	中国深圳	500 000

（续）

排名	展馆名称	地点	面积/平方米
2	德国汉诺威展览中心	德国汉诺威	463 275
3	上海国际会展中心	中国上海	404 400
4	法兰克福展览中心	德国法兰克福	366 637
5	意大利米兰展览中心	意大利米兰	345 000
6	广州琶洲中国进出口商品交易会展馆	中国广州	338 000
7	昆明滇池会展中心	中国昆明	310 000
8	科隆展览中心	德国科隆	284 000
9	杜塞尔多夫展览中心	德国杜塞尔多夫	261 817
10	巴黎北维勒班特展览中心	法国巴黎	246 312
11	芝加哥麦考密克展览中心	美国芝加哥	241 548
12	莫斯科国际展览中心	俄罗斯莫斯科	226 399
13	瓦伦西亚会展中心	西班牙瓦伦西亚	223 090
14	巴塞罗那格兰大道菲拉会议中心	西班牙巴塞罗那	203 106
15	马德里 IFEMA 展览中心	西班牙马德里	200 000
16	上海新国际展览中心	中国上海	200 000
17	意大利博洛尼亚展览中心	意大利博洛尼亚	200 000
18	NEC 伯明翰国际展览中心	英国伯明翰	198 983
19	奥兰多橘群会议中心	美国奥兰多	195 096
20	武汉国际展览中心	中国武汉	190 000

注：表中数据摘自国际展览业协会《2017 年全球展览馆地图》。

第三节　为什么要参加出国展览

参加商业展览是企业营销工具中重要一环。参展目标包括：
接触和发现新市场；
在行业聚会刷存在感；
检验自身竞争力；
寻找出口机会；

了解本行业发展情况；

交流经验；

寻求合作；

参加专业活动；

了解行业发展趋势；

推介公司和产品；

收集新的市场信息；

参与竞争；

增加利润。

参展是企业走向世界市场、扩大客户群体的捷径。国际展览是企业与外部世界沟通联系的窗口，可以把自己的企业、产品、技术、发明创造等展示出来；能与买家在同一个屋檐下面对面地交流，拉近彼此的距离，让客户感到亲切并产生信任感。通过参加展览会，企业可以向国内外客户试销新产品、推出新品牌，同时通过与世界各地买家的接触，了解谁是真正的客户，行业的发展趋势如何，最终达到推销产品、占领市场的目的。特别是一些大型展会上，有实力的企业往往设有大面积展位，这正是它们向潜在客户展示自己实力的有效手段之一。

展会不仅是企业面对顾客的平台，也给企业提供了发掘潜在供货商和同行业间合作的机会。在展会大量的专业观展人群中，企业通过展会积极推销自己的产品，为自己的产品寻找更多的买家。参展公司在作为卖家的同时，也扮演着潜在买家的身份。通过展会，竞争企业间也加深了解，技术优势和成本优势提高了中外企业合作的可能性。展会中，企业通过与专业观展人群的交流，也可以获悉顾客对产品改进的期望和对新产品的需求。

参加展会，参展商可以学习行业产品知识。展会是技术创新的群英会。在全球化的今天，任何有抱负的企业家对于同行们在技术领域的进展和突破都不可能抱着熟视无睹的态度。因为那无异于闭关自守，其结果必然在长期的竞争中被淘汰。行业展会中对技术创新的展示可以让企业看到自己的不足和差距，同时看到行业的发展趋势。比如，全球最大的消费电子展——美国国际消费类电子展（CES）是科技圈厂商争相刷存在感的地方。虚拟现实技术（VR）、自动驾驶……这些新词、新品都是CES传递出来的。从各类智能终端到虚拟现实、增强现实技术，从各种可穿戴设备到智能家居，从人工智能、机器人到车联网……CES决定着一整年整个科技行业的风向。看新技术、新产品，一定不能错过行业领先的国际展览。

第二章　成功参展的关键

第一节　如何制订参展计划

参加展览会不是简单的派几个人，带点公司或产品样本去展馆展示这么简单，而是一个涉及面很广的复杂项目，因而制订详细的参展计划就显得十分重要，一个好的参展计划是取得最大参展效益的基础。参展计划应该包含在企业的年度工作计划中，统筹安排。

一、参展计划书的内容

（一）前言

前言部分的内容，一般是所要参加的展会的一些情况介绍、展品的市场分析以及本公司此次参展的目的或预期要达到的目标。

（二）参展的时间、地点与人员安排

企业的参展时间与地点是展会的举办时间与举办地点。

参展人员安排方面在计划书中要尽可能地详细介绍，如参展的总负责人、参展培训人员、参展人员工作指导及现场人员（接待人员、翻译人员、咨询人员）等，都要有明确的分工，同时还可以附带一些参展纪律。

（三）展会背景

分析展会的时候，可以从以下方面入手：

（1）专业性：可以从展会的专业性、权威性、品牌性及国际化程度等

方面来了解展会情况。比如，可以从展会的官方网站了解上届展会的规模、参展商人数、中国企业数量、海外观众数量等。

（2）参展商构成：主要有哪些企业参展，公司的竞争对手是哪家公司。然后可以通过竞争对手的参展主题、参展规模、内容及目的来适当调整本公司的参展计划。

（3）媒体：此次展会的媒体有哪些，是否可以利用新媒体手段进行宣传，以确保企业及产品的曝光度。

（四）参展目的

企业参展的目的，一般是宣传企业品牌，寻求合作伙伴，拓展终端客户，对市场的信息动态、国家政策、市场需求进行深度把握。所以在计划书中，参展目的部分要深入分析本公司产品与展会的匹配度，展会所展出的产品与公司品牌定位的契合度等信息，帮助企业为产品进行市场推广，为以后的渠道拓展预热。

（五）展前筹备

确定与所参加展览会配套的资料准备、展品制作、运输等工作。

（六）参展预算

参展预算的内容主要有宣传促销费用、人员费用、展位费用及展品运输费用等，相关的预算费用需要在计划书中尽可能的预设准确。

参展是一项较为复杂的商务活动。企业参展前制订一份翔实的参展计划书很有必要。有了计划书，工作就有了明确的目标和具体的步骤，能够有效降低参展的盲目性，实现展会效益的最大化。

二、案例：某企业参展项目计划书

某公司参加 2016 年汉诺威工业博览会项目计划书

（一）参展基本信息

展会名称：汉诺威工业博览会

时间：4 月 25—29 日

地点：德国汉诺威

面积：20万平方米

布展时间：4月24日全天

撤展时间：4月29日18:00以后

（二）展会概况

汉诺威工业博览会是世界顶级的专业性贸易展览会，每年一届，创办于1947年，迄今已有60年的历史。汉诺威工业博览会荟萃了各个工业领域的技术，引领着世界工业的创新与发展，是"世界工业发展的晴雨表"，并且已经发展成为全球工业贸易的旗舰展和影响力最为广泛的国际性工业贸易展览会。上届展会吸引了来自65个国家和地区的6500家参展商，其中德国之外的展商占总数的比例为56%，为历年最高。中国参展商数量超过1100家，仅次于东道主德国。逾22万名展会观众（其中7万名观众来自德国以外的国家）通过汉诺威工业博览会这一平台了解最新技术并制定重要的投资决策。2016年汉诺威工业博览会合作伙伴国是美国，美国亮相并展示最先进的生产设施、智能技术和能效等关键元素。

（三）参展目标

（1）展示公司的品牌形象，扩大公司新的品牌知名度和影响力。

（2）收集买家信息资料；与更多同行沟通交流经验，不断实现自我完善。

（3）邀请目标客户观展，加强与他们的直面沟通，力求达成合作意向。

（四）展会宣传

展会宣传安排见表2-1。

表2-1　展会宣传安排表

宣传推广	宣传渠道	宣传形式	宣传时间
展前	微博微信	文字加图片	3月24日—4月23日
	网络	公司官网等	
	行业媒体	新闻稿	

(续)

宣传推广	宣传渠道	宣传形式	宣传时间
展会期间	会刊广告		4月24—29日
	微博微信		
	LED	英文宣传片	
	印刷品广告	现场派发单页	
展后	公司官网	新闻稿	4月30日—5月30日
	其他宣传渠道		

(五）人员安排

根据公司项目化管理战略和公司组织框架，公司决定建立以外贸部为主的弱矩阵式的项目团队。由公司一名执行总经理任项目经理（总负责人），外贸总监任执行项目经理，项目团队成员由业务员2人，货源部、储运部各1人，财会秘书1人，共7人组成（见表2-2）。该团队工作分为筹展和参展两部分。实际参展人员为总经理、外贸总监和业务员A。

表2-2 分工安排矩阵

序号	工作名称	总经理	外贸总监	业务员A	业务员B	货源员	储运员	秘书
1	制定参展方案	S	F	Z	P	P	P	P
2	选择组展公司	S	F	Z				P
3	组建项目团队	F	Z					P
4	制订参展计划	S	F	Z	P	P	P	P
5	准备展品		S	F	Z	Z	P	
6	准备样本报价		S	F	Z			Z
7	准备公司宣传品	S	F	P	P	P		Z
8	办理出国手续		F	P	P			Z
9	联系会见客户		F	Z	P			P
10	运输展品		S	F	P	P	Z	
11	参展前会议	F	Z	P				P
12	展览公司集结	P	F	Z				
13	展览现场工作	P	F	Z				
14	展会外会见客户	P	F	Z				

（续）

序号	工作名称	总经理	外贸总监	业务员 A	业务员 B	货源员	储运员	秘书
15	国外市场调研	F	Z	Z				
16	参展工作汇报		F	Z				
17	展后相关工作		F	Z	P	P	P	P
18	参展总结	S	F	Z				P

注：S—审批，F—负责，Z—主办，P—配合。

（六）参展产品

参展产品的范围、目标及分类清单见表2-3。

表2-3　参展产品清单

序号	展品名称	规格	数量	备注
1				
2				
3				
4				

（七）展会物品

参展常见携带物品清单见表2-4。

表2-4　展会物品清单

序号	物料明细	数量	单位	备注
1	产品手册	150	本	每人带50本
2	空白公司抬头纸	3	本	
3	笔记本	3	本	
4	宣传单张彩页	600	张	每人带200张
5	签字笔	3	支	
6	文件袋	3	个	
7	别针	3	盒	
8	名片收集箱	1	个	
9	插线板	1	个	
10	剪刀	1	把	
11	名片	15	盒	每人带5盒

(续)

序号	物料明细	数量	单位	备注
12	订书机	2	台	
13	计算器	1	台	
14	笔记本电脑	1	台	
15	数码相机	1	台	
16	投影仪	1	台	
17	录音笔	1	台	展中与客户进行沟通的有效记录工具
18	报价表	3	份	需要注意的是，一定不要把资料乱放，以免被人拿走而泄露了内部资料
19	U盘拷贝资料	1	份	英文版宣传片等
20	联系单	1	份	预先联系的客户
21	清洁液	1	瓶	
22	巧克力、糖果等	2	包	当地购买
23	饮用纯净水	3	箱	
24	一次性纸杯	1	包	
25	现金			适量

（八）展会洽谈记录表

展会客户现场洽谈记录表见表2-5。

表2-5 展会客户现场洽谈记录表

洽谈日期		
来自国家或地区		
客户类型	□贸易公司　□代理商 □批发商　□零售商 □其他	贴名片处
主营产品		
品牌		□OEM
客户索取样品		
采购意向产品	当日报价	备注

（续）

洽谈情况：

客户等级：

□A+　□A-　□B　□C　□D

接待人：

（九）参展费用

参展费用见表 2-6。

表 2-6　参展费用表

费用项目		数量/单位	单价	总费用	发票编号	备注	合计
展位费	场地费用						
	搭建费用						
	电子屏幕						
展品运费	去程运费						
	回程运费						
资料费	产品手册设计费						
	印刷费						
	宣传礼品						
宣传费	媒体宣传						
	会刊						
差旅费	交通费						
	住宿费						
	公杂费						
其他	饮用水、订书机等						
	备用金						

（十）注意事项

（1）展会期间，工作人员不可以随便在展位吃东西。

（2）展示期间关注笔记本电脑、LED 电视等物品的摆放和演示，谨防被盗。

（3）参展人员要统一着装，体现公司良好的精神风貌。

（4）每天参展结束后，挂起围布。将客户信息记录、报价表等敏感物品带走。

（5）及时开会总结当天工作的得与失，发现问题要及时解决。

（6）5W 原则——What：对什么产品有需求；Who：谁要；When：什么时候要；Where：往哪销；Why：为什么要。

（7）值得一提的是，随着互联网技术与文化的发展，全世界已经进入了"人人皆媒体"的时代，传播格局发生巨变，社交媒体正在成为宣传的有力手段。企业应多加关注。

第二节　如何选择商业展览

出国参展需要花费的人力、物力、财力都比参加国内展会要高很多。对于一个准备参加国际展会的企业来说，选择什么样的展会，是非常关键的。不能随波逐流，最好的方式就是选择适合自己出口产品的展会。找到最合适的展会，才会有优质的客户回馈，才能找到最好的采购商，达到事半功倍的效果。面对市场上形形色色的展会，很多企业有些摸不着头绪，去了怕没有效果，不去怕错失商机，到底该如何有的放矢呢？

一、明确企业自身定位

要想达到参展效果，首先要合理地对企业、产品和市场进行定位。企业定位包括企业所处的行业，性质是工厂、贸易商还是工贸结合的企业，这些都会影响到企业参展效果。有的企业产品较多,不可能全部带到展会去展示,这时候,更需要定位,把合适的产品带到合适的展会上去。

企业应根据自身产品的特点及应用范围,制定明确的市场方向,并充分做好市场调研工作,多方收集本市场的展览会情况,选择和自己发展相匹配的展览会。要开发的地区特点各不相同,对于某一类产品而言,分析现有展览会可得出明确的结论,筛选出适合的项目。比如每个国家处在不同的发展阶段,也都有自己的产品需求,企业需要关注不同国家的发展重点,结合企业自身的产品情况,考虑是否有机会进入。比如欧美市场对产品各方面要求比较高,适合生产高端产品的企业参展。欧美市场与非洲市场标准是不一样的,企业应该知道当地的市场标准,是否有准入政策,比如是否需要对产品进行认证,认证有哪些具体要求等。

二、了解展会信息

分析展会的主题、覆盖范围、目标群体很重要,再根据自身情况进行重点考虑。有的展会范围极广,而有的专业展只限于该行业。有的展会面向的客户来源地比较广,而有的展会只针对当地市场。比如,有的展会是全球化的,有些是区域化的,还有一些是地区性的。总体上说,全球贸易展会是行业内最高水平的展出活动,对整个行业的参展商和观众有巨大的吸引力。而区域化的展会只面对某些特定的地区市场,参展商和观众具有区域化的特色,比如很多欧洲的展会,尤其是德国的展会面向的是全球市场,而美国和日本就是典型的区域市场。

很多国际展会名称是英文或当地文字,被我们翻译过来,有的翻译的比较准确,有的对展会名进行了简化,甚至有的含义就不完整了。比如,一直很热门的一个展会——国际暖通空调制冷卫浴及能源展(MCE),一直被简称为"米兰卫浴展",可能是出于招展宣传的考虑,其实供暖产品和空调制冷产品占据更大份额。

还有一个重要指标——展会的展品范围,展会都有明确的展品范围,企业应该重点参考。

观众的数量与组成也是一个值得参考的指标。在大批的专业观众中往往包括大量潜在的客户和合作伙伴。从与观众的交流中，参展商可以直接获得市场的反馈，便于达到参展的预期效果。

案例：汉诺威工业博览会2019年展会数据

时间：2019年4月1—5日

地点：德国汉诺威展览中心

参展商数：来自75个国家和地区的6500家展商

专业观众数：21.5万名（40%来自境外）

总展出净面积：22.7万平方米

中国展商数：1400家企业，参展面积2.2万平方米

中国观众数量：7200名

从数据可以看出，汉诺威工业博览会无论从展商数量还是参观人数来看，都处于行业领先的地位。尤其是参观的专业人数多，就代表着更多的贸易机会。

三、了解展览主办方及服务信息

作为参展商，要选择最好的展会或恰当的展会，是尽可能多地找到潜在客户的关键所在。所以，建议新展商参加行业知名度最高的展会，以期获得最大的回报。欧洲主办方整体实力雄厚，德国、英国、法国、意大利的主办方通常办展时间长，经验丰富，有大量的国际观众数据，操作比较专业。有一些大展历史悠久，是行业发展风向标，经常一位难求。因此，参展商有必要尽早选择展会和预订摊位。

展会的服务一般分为展前、展中与展后。展前的服务一般包括对展会的咨询，办理参展手续等；展中的服务是指在展会期间的运输、搭建及会议活动等；展后服务往往是最容易忽视的，也是最重要的，主要指向参展商和相关人员提供展会信息，与他们保持良好的商业关系。组展公司是展会中的灵魂。多听取专业服务商的建议很重要，他们丰富的经验可以帮助

展商少走弯路。

四、了解外贸大环境

选择国际展会，也可以结合我国外贸发展政策调整相应的出展方向，如"一带一路"市场的鼓励政策，可以得到政府的支持，参展会有相应的补贴政策。同时，也能够在特殊鼓励政策的支持下及早占领新的外贸市场。

成熟的展会往往是不缺展商的，相反会对展商择优筛选，而目前在欧美贸易保护主义抬头的外贸新时代下，可以发现新兴市场崛起的力量不断增强，在展会的选择上，也应该有所调整，才能在外贸新形势下找到自己的外贸新增长点，从传统行业的跟随者转变为新兴市场的领路人。比如很多企业在考虑非洲市场的展会都会问：有几个展馆？展会规模多大？当得知只有一个展馆时，就觉得展会不专业，不会有好的效果。其实，这是对新兴市场展会的误区。以非洲为例，当地市场目前自身就缺乏办展的基础条件和办大展的能力，很多展会最初都选择做综合展。选择非洲的展览首先考虑的不是规模，而应该是展会的专业性。

五、了解获得展会信息的途径

企业主要可用从主办方、行业协会、代理公司、互联网、行业媒体、同行推荐等渠道获得展会信息。下面介绍几种比较有效的方式。

企业如果已经知道某展会的名称，可以通过展会官网和主办方网站对展会信息进行查询。如法兰克福国际汽车零配件及售后服务展（Automechanika），企业可以到展会官网（https：//automechanika.messefrankfurt.com/frankfurt/en.html）或主办方法兰克福展览有限公司中国代表处——法兰克福展览（上海）有限公司网站（https：//www.cn.messefrankfurt.com/shanghai/zh-cn.html）查询。但是这样一般一次只能查阅一个展会，并不能了解所在行业的其他展览信息。

代理公司一般深耕某领域，对于该领域的全球展览都比较了解，每年会整理出全年的全球展览计划，企业可以通过代理公司的网站、微信等渠道获取。

行业媒体——《进出口经理人》（www.tradetree.cn）。《进出口经理人》杂志针对读者的出展需求，《借展出海》栏目长期跟踪分析世界上各领域的优势展览，为出口企业推荐最适合参加的国外贸易展览。《借展出海》每月以纸刊和电子刊的形式出版。杂志社每季度举办出国展项目发布会，每年末举办"出展企业CEO沙龙"。除了杂志和会议，进出口经理人还办有图书、研究报告、借展出海微博、微信、手机报、网站、借展出海QQ群（群号：138045983）。

此外，有两个展览专业协会——德国展览业协会（AUMA），网址：www.auma.de；国际展览联盟（UFI），网址：www.ufi.org。协会虽然不会推荐某个展览，但是可以让企业了解展览行业发展的一些变化和趋势，并以此作为选择展览的支撑依据。

第三节　企业出国参展现状

一、企业选择展览的主要依据

企业是如何选择国外展览的？根据最近几年《进出口经理人》发布的"外贸服务市场调查报告"显示，欧美成熟展览和"一带一路"展览各有优势，选择交替变换，没有明显的上下之分；展览补贴和参展费用是原始动力，也是重要指标，但多年的调查显示，企业选择国外展览最重要的因素还是企业自身开拓国际市场的计划，这一选项一直稳居第1位，没有改变，2019年的调查结果也是如此（见图2-1）。

多年调查结果显示，在企业根据自身情况开拓国际市场、安排参加国外展览的基础上，展览补贴和参展费用的高低就成了重要的因素。除此之外，调查还显示，企业选择"一带一路"展览的积极性也有新的提高。

展商参加国外展览最大的诉求是什么？是成交！有没有热门展览资源？能不能举办高效的贸易对接？多年调查显示，贸易对接和热门展览资源一直是企业的前两大需求，往后依次是宣传、补贴、展位位置和价格需求，接着才是良好的参团体验需求，这个需求顺序基本也没有改变，2019年的调查结果再次印证了这一点。需要强调的是，提供贸易配对服务一直是展商第一大需求，近4年来企业选择比例一路攀升，分别为15.2%、15.6%、16.7%和18.3%，实质上反映了企业提升参展效果的强烈愿望（见图2-2）。

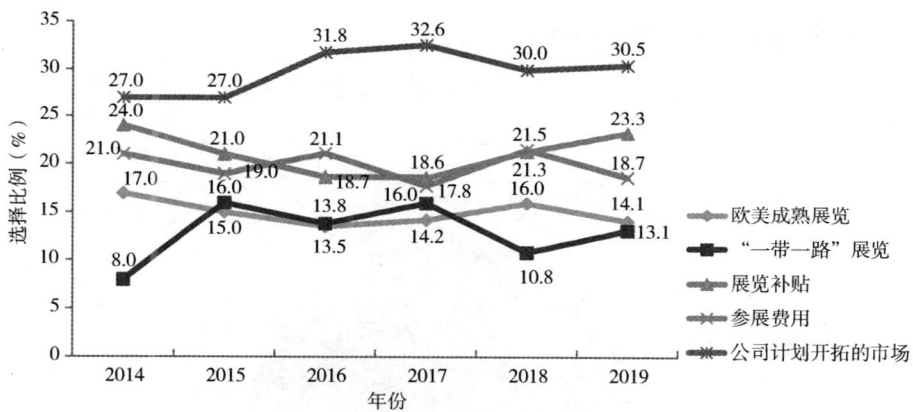

图2-1 2014—2019年企业选择国外展览的主要依据对比

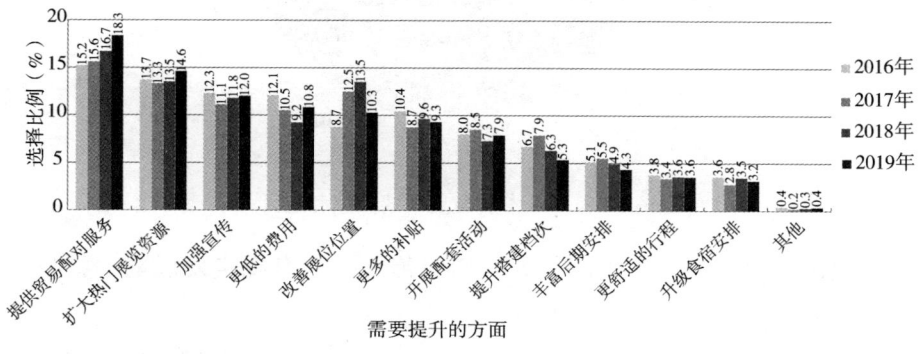

图2-2 2016—2019年出国参展服务机构迫切需要提升的方面对比

二、企业出国参展情况调查报告

2019年8月,《进出口经理人》进行了一项关于"企业出国参展情况调查",在1个月的时间内,共回收问卷600余份。通过基础数据分析,我们看到,我国企业参加海外展览的积极性越来越高,无论是在欧美发达国家,还是在发展中国家,都能看到中国企业的身影,同时,它们对出国参展的目标和需求,也提出了更高的要求。该报告在一定程度上代表了目前外向型企业出国参展的现状。

1. 德国是企业参展集中地

调查显示,目前企业参展最多的国家和地区分别是德国(20%)、东盟(15%)和美国(13%)(见图2-3)。

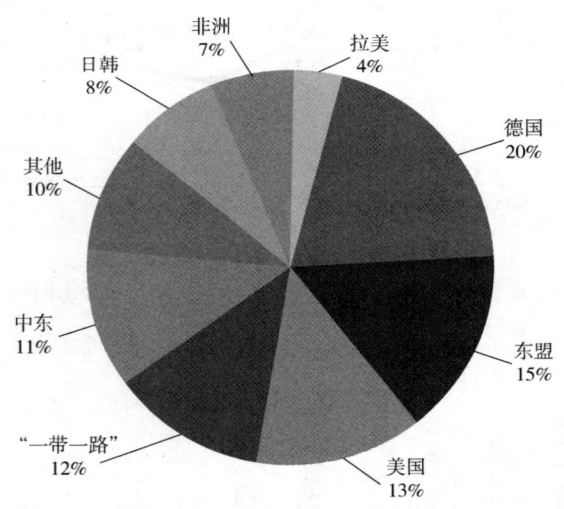

图2-3 企业参展最集中的国家和地区

德国作为贸易展览大国,既有历史传统,又有现实发展动力,是最受企业欢迎的出展目的地。在德国,几乎可以找到各个门类的世界级展览。如净面积超过60万平方米的世界第一大展——慕尼黑国际建筑机械、建材机械、矿山机械、工程车辆及建筑设备博览会(bauma)。

2003年中国与东盟建立战略伙伴关系以来，中国连续10年成为东盟第一大贸易伙伴。2019年前7个月，东盟是我国出口增长最快的地区，增长率达到15.8%。东盟是共建"一带一路"，特别是21世纪海上丝绸之路的重点地区，随着双边合作不断深化，这个地区自然而然地成为企业重要的参展集中地之一。

2. 成交是企业参展的核心目标

多数出展企业认为，相对于国内展，海外展要耗费更多的人力、物力、财力，所以销售为王，成交才是硬道理，选择以交易为中心的比例高达38%，此外，以开拓新市场、收集市场信息、宣传企业形象和学习先进技术为参展主要目标（见图2-4）。

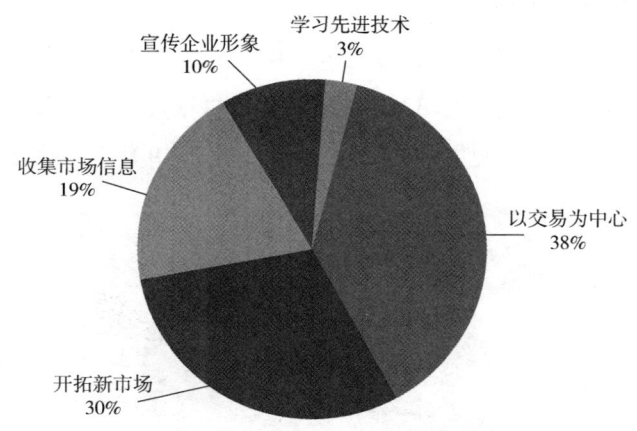

图2-4　企业参展的主要目标

在"平均一年参加多少场国外展览"调查项中，选择2~3场的企业比例最高，达到59%（见图2-5）。有26%的企业表示每年只参加一次国外展览，因此在展览的选择上会更加谨慎。也有5%的企业表示会参加7场以上海外展览，选择该选项的多数为出口纺织和轻工品的生产型企业。

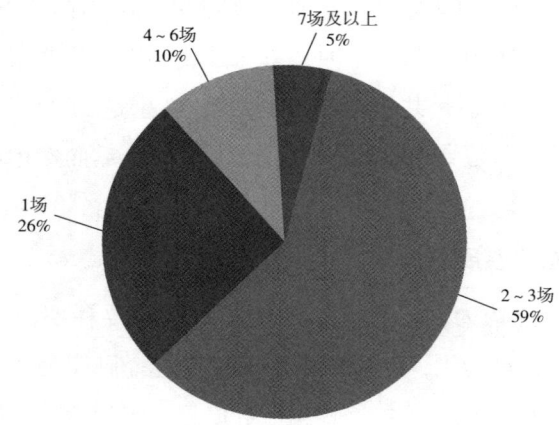

图 2-5 企业年均参展数量

3. 企业选展更加理性

在对 2020 年参加出国展数量的调查中，64% 的企业表示 2020 年的参展数量与 2019 年保持一致，33% 的企业表示将增加参展数量，3% 的企业表示会减少参展数量（见图 2-6）。调查时间为 2019 年，未考虑疫情影响。

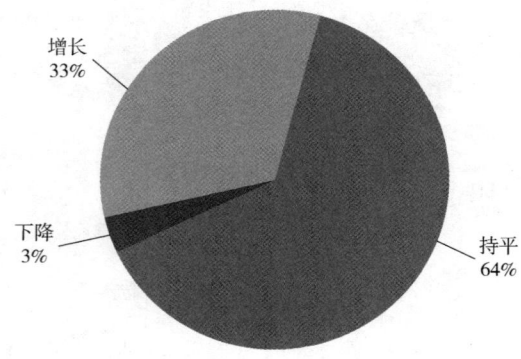

图 2-6 2020 年企业参展数量预测

调查显示，企业更愿意参加新兴市场和更加细分的行业展览（见图 2-7）。由此可见，参展是企业走向世界市场，扩大客户群体的捷径。越来越多的企业参展更加理性，分析展览会的主题和目标群体，再根据自身情况进行重点考虑，把合适的产品带到合适的展会上去。

第二章　成功参展的关键

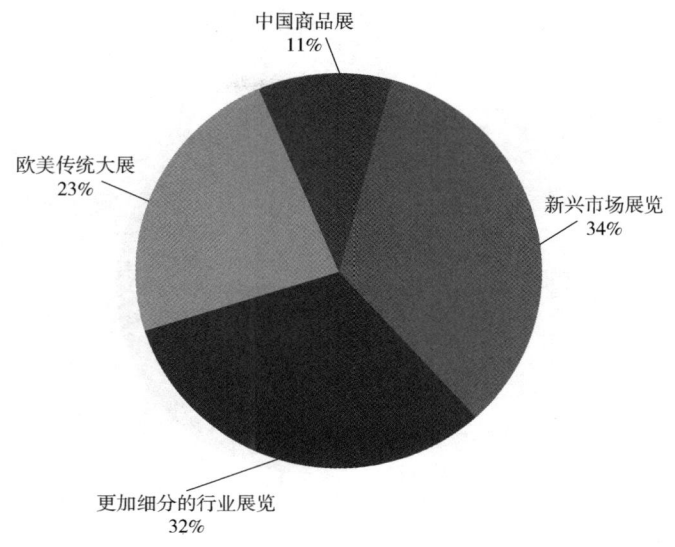

图 2-7　企业希望参加的展览类型

目前，企业把直接获利作为参展的重要考虑因素，因此，它们更希望参加贸易对接活动（见图 2-8）。而众多展览主办方均表示，中国企业不太重视展会的其他配套活动。欧美等国家和地区传统贸易大展早已不是单纯进行产品展示和推销的交易场所了，而是已经成为行业聚会、信息发布和交流的平台。企业应该以更高、更广的视角来看待展览。参加出国展，除贸易配对活动外，企业更愿意参与的配套活动包括市场考察（选择比例 25%）、行业论坛（选择比例 20%）、知名企业展台参观（选择比例 12%）和新技术培训（选择比例 11%）。

出国参展涉及的费用项目很多，包括展位租赁、展台设计、展台搭建、展品运输、差旅费等。企业希望通过增加宣传推广费用、展位租用费和展台搭建费用来提升参展效果（见图 2-9）。参展商都在想方设法在展览会上使自己更加引起潜在客户的注意。企业考虑增加宣传推广的投入包括，广告投入、展台演示活动、礼品发放、吸引媒体关注等，但无论选择何种形式，一定要进行创新，并且和公司的产品推广和品牌形象紧密联系。

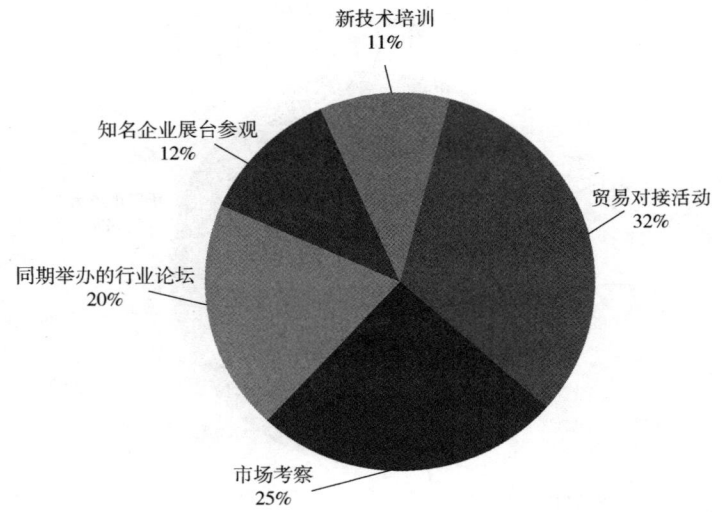

图 2-8　最受企业欢迎的展期配套活动

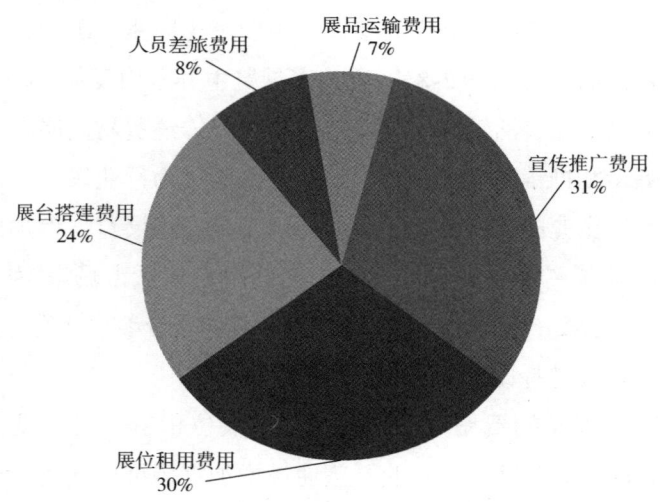

图 2-9　提升参展效果的费用支出情况

4. 美国展，坚守还是放弃？

美国在全球会展业的地位也不容小觑，每年举办的展览会不计其数。美国也是我国传统的出口目的地之一，然而中美贸易摩擦给市场带来一定的不确定性。商品的市场价格大幅度波动,对于一些产品利润较薄的中小型企业来说,绝对是毁灭性打击。在抽样企业中,有 97% 的企业参加或曾经参加过美国展,但是面对当前复杂的国际形势,有 58% 的企业表示,暂时不考虑参加美国展,42% 的企业虽然会参加美国展,但是多数企业表示只会保持,甚至缩小参展规模(见图 2-10)。

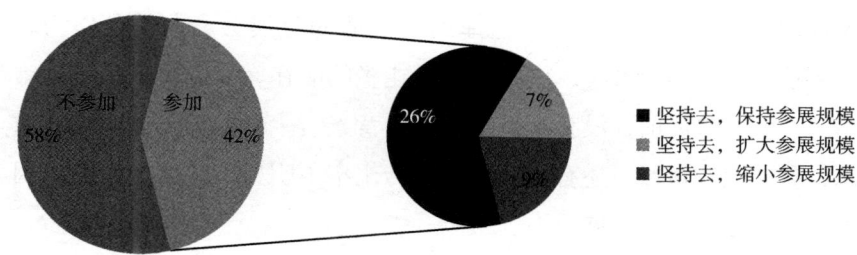

图 2-10　企业参加美国展情况

产品的成本急剧升高,导致销售利润越来越低,选择暂时不参加美国展的企业中,有 37% 是机电企业,出口产品包括五金、照明、汽车电子等;轻工及纺织企业占 21%,出口产品包括服装、箱包等。未来暂时不考虑参加美国展览的企业中,超过半数是 50 人规模以下企业。可见,在贸易摩擦的冲击下,特别是对于中小型企业来说,压力比较大。

5. 企业参展的痛点

企业的参展痛点是一项开放式选项,收集的情况多种多样。我们对调研中征集到的样本进行了分类整理,选出了最具有代表性的 8 项。对于参展企业面临的具体痛点问题,有了非常直观的认识。

痛点 1:展会效果不理想;

痛点 2:参展流程复杂;

痛点 3:同质化竞争大;

痛点 4:国际形势不好;

痛点 5:新兴市场汇率不稳定;

痛点 6:对目标市场不了解;

痛点7：拿不到好位置；

痛点8：参展费用高。

从具体情况来看，有一些是企业主观因素，如准备不充分等。某参与调查的企业表示参展语言不通，原因是其到葡语地区参展，没有配备会当地语言的员工或翻译，这样势必会影响参展效果。还有的企业表示参展效果不理想，原因是它们并没有选择到"合适的"展会。尤其是作为新展商，要选择恰当的展会，以期找到尽可能多的潜在客户，并不是一项容易的事。企业在参展前，没有了解清楚展会背景、主办方、展品范围等重点信息，参展比较盲目。还有的企业表示转化率不明显，这其中有的是因为业务员没有进行有效的展后跟进工作。

此外，还有一些是非主观因素。例如，有一家500人规模以上的企业表示，参展流程过于复杂，如果简化参展流程，有助于提高参展效率。还有的企业表示，一些展览主办方实力不足，没有对展会进行有效的宣传，现场观众不够专业，导致有效客户非常少，影响参展效果。还有部分企业表示，雷同化产品太多，价格竞争混乱，尤其是五金、建材等领域。还有企业表示，传统欧美大型商展的展位紧俏，经常拿不到展位或好的位置；新兴市场不够稳定，政策和汇率经常波动。这些都影响了企业的参展效果。中国企业在国际商展上的影响力令人瞩目，但是，我们也不能否认，企业在出国参展的市场推广、品牌塑造等方面还有很多改善的空间。

第四节 出国参展流程

出国参展流程见图2-11。流程图所示为通用的出展流程时间表，根据展会举办地、规模等因素，流程略有不同。时间及安排仅供参考，具体安排见各展览项目通知。

第二章　成功参展的关键

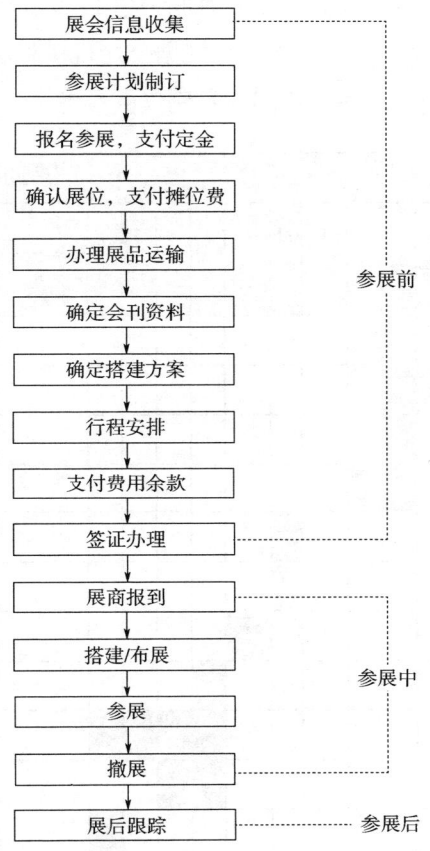

图 2-11　出国参展流程图

二、会展项目管理过程

按照会展项目的特点，会展项目管理过程可以划分为 4 个阶段（见图 2-12）。

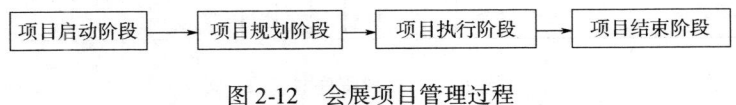

图 2-12　会展项目管理过程

项目都具有明确的目标，任何项目最终都要实现一定的目标。某参展项目案例见图 2-13。假设某企业参展时间为 2019 年 5 月中旬，则项目启动至少应该在 2018 年 6 月开始。当然，根据公司规模和展会规模的不同，项目管理的过程及时间安排略有不同，案例仅供参考。

序号	项目	2018年										2019年 5月			
		6月	7月	8月	9月	10月	11月	12月	1月	2月	3月	4月	展前3~5天	展期	展后一周	展后两周
1	收集信息															
2	制订参展计划															
3	选择组展公司															
4	组建项目团队															
5	准备展品															
6	确定搭建方案															
7	准备宣传资料															
8	运输展品															
9	联系会见客户															
10	办理出国手续															
11	参展前会议															
12	出国人员国内集中															
13	布展															
14	参展															
15	展后拜访客户															
16	国外市场调研															
17	回国															
18	参展总结															

图 2-13　参展程序甘特图

第五节 如何申请出展补贴

一、什么是展会补贴?

展会补贴是中小企业国际市场开拓项目(简称"中小开项目"),内容包括:境外展览会、企业管理体系认证、产品认证、境外专利申请、境外商标注册、海外企业资信报告及风险分析报告等。展会补贴主要支持举办或参加国际性展览会、国际市场宣传推广、国际市场考察(国际性展会参展人员费)等方面。

参展补贴每个省、市的要求、规定、补贴额度都不同。有的地方只补贴展位费用,有的地方每年只补贴一个展,有的地方一年不限参展次数但每个展只补贴固定的费用,有的地方根据重点项目和非重点项目补贴额度都有所不同。

参展企业可到商务部业务系统统一平台查询(http://smeimdf.mofcom.gov.cn/),或自行到地方的外经贸局去查询,这样参展时也好做到心里有数。

二、申请补贴的准备工作

初次申请补贴的企业需要在外贸发展专项资金(中小)网络管理门户网站(http://zxkt.mofcom.gov.cn)注册。后期所有补贴的款项,何时提交补贴申请的材料,补贴下发全部都是通过这个系统完成。企业唯一需要关注的就是定期去网站上看补贴材料的提交时间,不要错过时间造成损失。

一般来说,申请补贴所需的材料包括:参展合同(展位确认书)、邀请函、参展人员的机票复印件、机票付款凭证、参展人员参展期间社会保险个人权益记录、发票复印件、展位照片等。

三、某市2017年关于境外展会的补贴案例

境外展览会项目。企业项目：支持内容为展位费（场地、基本展台、桌椅、照明）。传统市场国别（地区）按照50%给予支持，新兴市场国别（地区）按照70%比例给予支持。每个境外展项目最高支持金额为6万元，项目完成时间以护照入境章时间为准。团体项目：项目组织单位组团参加境外展览会，参展的企业应全部为在系统注册登记的中小企业，且企业数量应达到5家以上（含5家），同时项目组织单位可代企业申报展位费支持。支持项目组织单位为突出城市形象的整体性进行的公共布展，每个展位最高支持金额2000元，未达到最高支持金额的按实际发生金额支持。

企业应具备的条件：

（1）在某市注册，依法取得进出口经营资格或依法办理对外贸易经营者备案登记且实际开展进出口业务的企业法人，2016年度海关统计进出口额在6500万美元以下；

（2）近3年在外经贸业务管理、财务管理、税收管理、外汇管理、海关管理等方面无违法或无重大违规行为；

（3）具有从事开拓国际市场的专业人员，对开拓国际市场有明确的工作安排和市场开拓计划；

（4）未拖欠应缴还的财政性资金。

第六节　参展后的业务跟进

一场展会下来，为何有的企业订单满满，有的企业空手而归？其实，参展效果不佳的原因有很多，不能简单地只归罪于展会本身。参展是一项复杂的系统工程，涉及的工作千头万绪，参展企业除了要有有竞争力的产

品,还需要专业人员去主导这样的活动:设计有特色的展位,准备合适的参展样品,掌握并运用好各种商务谈判策略与工具,有效地组织与管理参展团队等。这就要求参展企业参展前要精心筹备,展中要按参展计划有条不紊地进行,展后除了及时密切跟进客户之外,每一位参展人员还要写出详细的参展总结。参展总结的作用见表2-7。

表2-7 参展总结的作用

相关各方	作用
参展人员	通过总结发现问题、分析问题、解决问题,改进今后的工作
企业高层	作为战略制定或战略调整的参考
研发部	作为产品研发或产品改进的依据
外贸部未参展人员	了解展会、积累经验、开阔视野

参展回来并不意味着参展工作的结束,参展后的业务跟进也非常重要。由于展会的局限性和时间较仓促,虽然收获了许多客户资料和名片,但是大量的工作却需要在参展后进行。展会上仅仅是与客户建立了初步的联系,而展后跟进就是将这种联系发展成为实际客户关系的关键环节。

业务员在参展期间,应尽量多地搜集客户信息并留心记录,如标记客户最需要什么、最关心什么,他在找什么样的产品和供应商,他希望与什么样的业务伙伴合作等,对客户有个初步的印象。

展会结束后,根据搜集到的信息,按客户吸引力大小进行分类,确定优先联系顺序,对客户进行初步分类。有针对性地进行联系,如发不同内容的邮件。

对于现场签合同的采购商。如果客户直接在展会摊位上就和你签订了合同,那么你应该在展会期间就注意与客户保持联系,及时将合同发给客户确认并提醒客户汇款。

对于有意向的采购商。有的客户会与企业进行详细的交流,明确表明他对哪些产品感兴趣,并询问具体产品的特性、价格条款等。这类客户也需要第一时间优先处理,将客户在展会现场询问的所有资料,以及所涉及的问题仔细回复给客户,同时也应该及时和工厂落实打样问题,告知采购商样品进展情况，何时能寄出等。

　　对于交换名片，索取资料，表明简单兴趣的这类客户，你需要在展会结束后进一步跟进。展会结束后，可以按照客户的要求尽可能将详细的产品资料发给客户，并表明希望有机会合作的想法。如果客户的名片上有网址，可以浏览一下对方的网站，了解对方经营何种产品，再按照不同情况发送对应的产品资料。

　　当然，虽然发出了邮件，也不一定都能收到回复。对于这种情况，最有效的方法就是直接电话沟通。业务员可以按照客户分类将客户资料整理成文档，并及时备注每个客户的追踪情况，通过电话的形式了解采购商情况，制定相应的解决措施。

第三章 出展人讲展览

第一节 世界商展的变迁

一、综述

《进出口经理人》通过紧密跟踪世界商展变化，选择世界上 1 万个大中型展览进行甄别和对比研究，从 2008 年以来，每年 7 月发布"世界商展 100 大排行榜"（简称"商展 100 大"），目的是挖掘大型国际商展的兴衰与发展规律，揭示全球产业变迁的路线。榜单以上一年的展览面积为依据，综合了世界上众多参展商每年实际选择的结果，而国际展商占 20% 的最低要求保证了入选展览的国际影响力。

2008—2019 年，"商展 100 大"已经发布了 12 次。12 年来，"商展 100 大"划定了强势展览范畴，成为每年业界期盼的参展指南。每年"商展 100 大"入选展览有进有出，这里包括了展览周期、展览的国际性和产业变迁的因素，甚至也包括了金融危机、火山灰危机、海啸地震、全球疫情等突发事件的冲击，但最终是一个优胜劣汰的结果。连续 12 年的对比研究表明，"商展 100 大"全面反映了世界产业东移、技术进步和展览行业稳步发展的大趋势。

在 2019 年"商展 100 大"中，作为展览帝国的德国，展览占据半壁江山；中国大型商展蓬勃发展，国际化程度不断提高。放眼世界，纵观世界商展 12 年来的变迁，可以清晰地看到，世界展览正酝酿着大突破。

二、世界大展的发展趋势

2008年,《进出口经理人》第1次推出"商展100大",进入门槛还不足10万平方米,2019年则达到12.4万平方米。12年来,历经风吹雨打,进入世界商展的最小面积一直稳步向上,世界商展积极向上发展的态势也由此确定。12年前,"商展100大"的平均面积是17.7万平方米,2017年和2018年分别达到20.2万平方米和21.3万平方米,2019年则进一步增至21.5万平方米(见表3-1)。

表3-1 2008—2019年"商展100大"各项面积变化数据

(单位:万平方米)

年份	最小面积	平均面积	德国展览平均面积	中国展览平均面积
2008	9.9	17.7	19.6	12.5
2009	10.5	18.4	19.7	13.8
2010	10.0	18.1	19.7	13.0
2011	10.5	18.1	19.3	14.3
2012	10.7	18.8	20.0	15.5
2013	11.0	19.3	20.2	16.5
2014	11.6	19.5	20.6	16.9
2015	12.0	19.6	20.8	17.3
2016	12.28	20.2	20.5	19.2
2017	12.5	20.2	20.7	19.5
2018	12.3	21.3	21.6	21.0
2019	12.4	21.5	21.5	21.8

2019年"商展100大"中德国展览的平均面积为21.5万平方米,比上年略微下降,第1次与"商展100大"的平均面积持平。中国展览平均面积2018年是21万平方米,不及德国展览的平均面积(21.6万平方米),2019年则达到了21.8万平方米,第1次超越了德国展览平均面积和"商展100大"的平均面积(见图3-1)。这是"商展100大"发布12年来中国展览的第1次超越。图中中国展览平均面积上扬线清晰展示了12年来中

国展览的追赶路线。展示了 12 年来中国展览从量变到质变的奋发过程，一场世界商展的大突破正在上演。

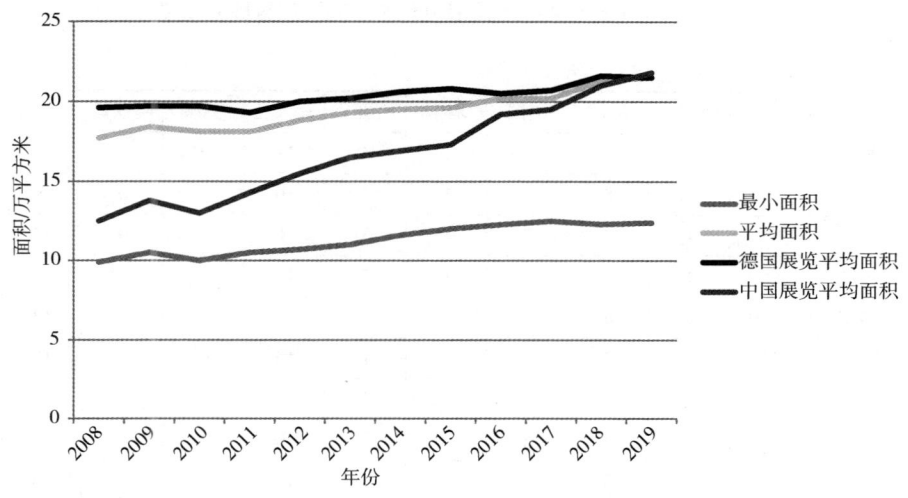

图 3-1　2008—2019 年商展 100 大各项面积变化趋势

三、世界商展发展变迁

在"商展 100 大"中，各国所占席位此消彼长，看似杂乱无章，实则有着自身的规律，拼的是底蕴，碰的是实力，反映的是全球经济版图的演变。2008 年，第 1 次发布"商展 100 大"的时候，正值全球经济危机，这对大型商展产生了重大影响。在"商展 100 大"中，2009 年美国占有 9 席，到 2012 年跌入谷底，仅剩 3 席，在 2017 年榜单中，美国展览回升到 5 席，2018 年和 2019 年都止步在 5 席。12 年来，其他的几个商展大国也各有起伏。在欧债危机中，意大利和西班牙都是重灾区，在"商展 100 大"中 2008 年意大利占有 11 席，2010 年跌至 8 席，随后很快走出泥潭，恢复到较高的水平，在 2016—2018 年的"商展 100 大"中意大利占有 11 席，2019 年则突破了 2008 年的 11 席，达到了 13 席。而西班牙就没有那么幸运，2008 年西班牙在"商展 100 大"中占有 4 个席位，但以后一直走入下坡，在 2017—2019 年的榜单中，西班牙均未能占有席位。法国也是商展大国,表现就相对稳定,在 2019 年榜单中成绩略低于过去几年,占有 7 个席位(见表 3-2)。

表 3-2 2008—2019 年"商展 100 大"国家拥有展会数量

(单位:个)

年份	德国	俄罗斯	法国	美国	瑞士	西班牙	意大利	英国	阿联酋	中国
2008	62	1	7	8	1	4	11	2	0	4
2009	59	1	8	9	1	4	10	2	0	6
2010	58	1	7	7	1	3	8	1	0	14
2011	56	1	7	7	1	2	11	1	0	14
2012	56	2	6	3	1	2	12	1	0	17
2013	55	2	7	4	2	1	12	0	0	17
2014	53	2	7	5	2	1	11	0	0	19
2015	50	2	9	5	2	1	10	1	0	20
2016	52	1	8	4	2	1	11	1	0	20
2017	51	0	9	5	2	0	11	1	0	21
2018	51	1	8	5	2	0	11	0	0	22
2019	50	1	7	5	1	0	13	0	1	22

12 年来的研究表明,除了各国经济周期影响商展发展外,还有一个更大的循环也在影响世界商展格局,那就是世界经济重心的东移。这一点从德国和中国展览的发展轨迹最能说明问题。2008 年,德国在"商展 100 大"中的席位是 62 席,以后便开始缓缓下降,2015 年德国第 1 次退守 50 席,此后又有增加,2016 年再次达到 52 席,但到 2017 年和 2018 年,德国均占有 51 席,2019 年德国再次退守 50 席,顽强占有着"商展 100 大"的半壁江山。2008 年,中国在"商展 100 大"中仅占 4 席,此后不断上升,2018 年占有 22 席,2019 年保持在 22 席,成为在"商展 100 大"中展览数量仅次于德国的国家(见图 3-2)。

在"商展 100 大"中,德国展览席位始终过半,在世界商展中所占有的主导地位还无人能及,但其缓慢下降的趋势也十分明显,2019 年再次退守 50 席。研究表明,虽然中国还远没有占据全球展览的中心地位,但近几

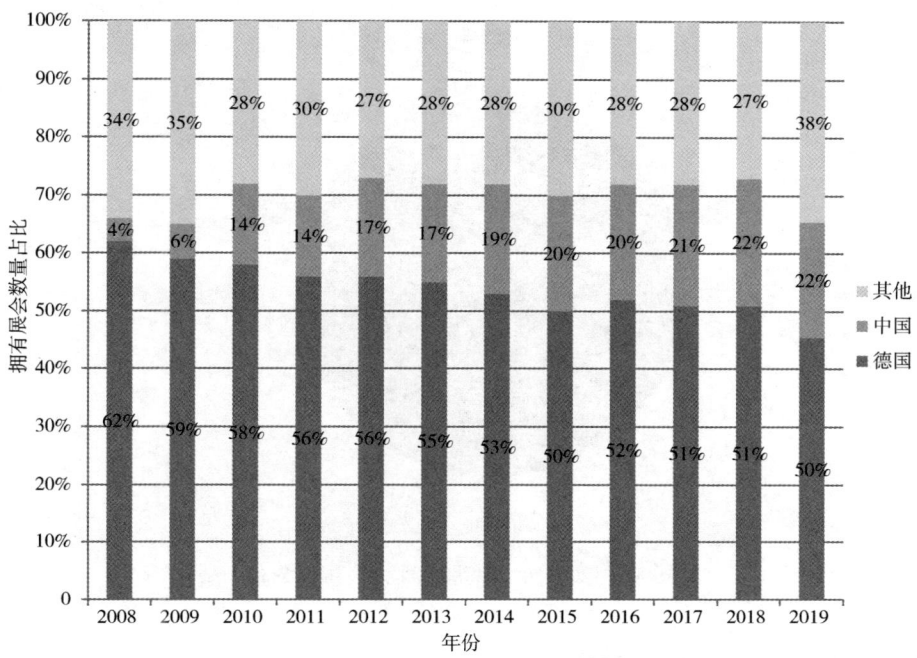

图 3-2　2008—2019 年"商展 100 大"德国和中国拥有展会数量占比

年的增长速度为全球商展的发展贡献了强劲动力。

四、入榜的中国展览

在多年"商展 100 大"研究中，最惊叹的发现是中国的展览，之所以能够在短短 12 年间，从 4 个席位发展到 22 个席位，而且位次不断上升，是因为它们植根中国，与腾飞的中国经济相伴，获得了超凡的能量。2008年，在"商展 100 大"中，中国仅有 4 个席位，排在第 1 位的展览是中国国际工程机械、建筑机械、工程车辆及设备博览会（bauma China），位列第 49 位，刚刚挤进前 50 大。到 2019 年，中国已经有 22 个展览跻身"商展 100 大"，前 10 名展览就有 4 个，前 50 名的展览有 10 个，总计入榜的展览达到了 22 个。12 年来，中国的大型商展表现出不断增长的势头，可以确定地说，中国已经成为世界商展大国（见图 3-3）。

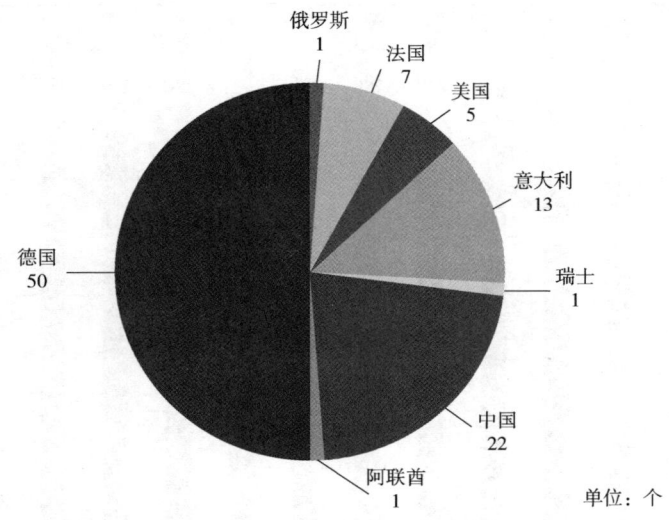

图 3-3 2019 年"商展 100 大"国家分布

五、世界主要办展城市

在 2019 年"商展 100 大"中,德国举办的展览占据一半,达到 50 席。德国举办的这 50 个展览集中在科隆、汉诺威、杜塞尔多夫、法兰克福和慕尼黑 5 个城市中,分别占有 11 席、9 席、8 席、7 席和 7 席,另外还有柏林和纽伦堡,也分别占有 5 席和 3 席(见图 3-4)。在 2019 年"商展 100 大"中,在上海举办的展览达到了 11 个,与德国科隆共同成为"商展 100 大"中展览举办最多的城市,从一个侧面说明,上海已经成为世界展览之都。

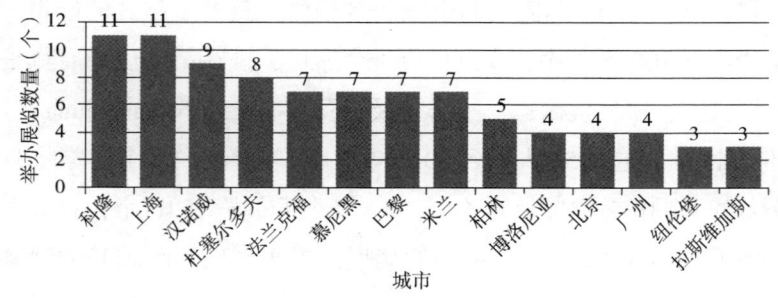

图 3-4 2019 年"商展 100 大"展览主要举办城市

其他"商展100大"展览比较多的城市还有：法国巴黎7个、意大利米兰7个、意大利博洛尼亚4个、中国北京和广州各4个，美国拉斯维加斯3个。

六、大展的基因

一些行业的展览会天然具有大展的基因，工程机械和汽车行业就是两个特别突出的行业。慕尼黑国际建筑机械、建材机械、矿山机械、工程车辆及建筑设备博览会（bauma）是"商展100大"上的常青树，12年来，一直占据世界商展排行第1位。在2019年"商展100大"中，排名前10位的展览有4个是工程机械展，除bauma外，还有巴黎国际工程机械展（INTERMAT）、拉斯维加斯工程机械展（CONEXPO-CON/AGG）和中国国际工程机械、建筑机械、工程车辆及设备博览会（bauma China），分别排名第4位、第5位和第8位。此外，维罗纳国际建筑机械及掘土设备展（SAMOTER）、中国（北京）国际工程机械展（BICES）和俄罗斯莫斯科国际建筑及工程机械博览会（bauma CTT RUSSIA）也都在榜单中。

具有同样魔力的还有汽车板块，法兰克福国际汽车零配件及售后服务展（Automechanika）排名第9位，美国（拉斯维加斯）国际汽配展（AAPEX）、意大利博洛尼亚国际汽车保养、轮胎及维修展（AUTOPROMOTEC）和上海国际汽车零配件、维修检测诊断设备及服务用品展（Automechanika Shanghai）紧随其后，上海、北京和广州三大中国汽车展一个不落，德国（汉诺威）国际商用车展（IAA）、法兰克福国际汽车博览会（IAA）和杜塞尔多夫国际房车展（CARAVAN SALON DüSSELDORF）都榜上有名，在整个榜单中，汽车概念展就占了10%。

七、不断刷新纪录的展览

在"商展100大"的展览中，发展最快的就是中国的展览，令人印象特别深刻的是著名的巴黎国际食品展（SIAL）在中国的子展——中国国际食品及饮料展（SIAL CHINA），2015 年 SIAL CHINA 的展览面积是 11.5 万平方米，首次超过 10 万平方米，2016 年的展览面积是 12.6 万平方米，强势进入"商展 100 大"，2017 年的展览面积是 15 万平方米，排在 2018 年"商展 100 大"的第 84 位，2018 年的展览面积是 16.2 万平方米，在 2019 年"商展 100 大"的排名又提前了 10 位，占据第 74 位。2019 年 SIAL CHINA 占据了上海新国际博览中心所有 17 个展馆，面积近 20 万平方米。在快速扩展的同时，SIAL CHINA 还保持了国际展商的同步增长，在 2020 年的"商展 100 大"中，SIAL CHINA 将再次刷新纪录。类似的展览还有上海国际汽车零配件、维修检测诊断设备及服务用品展（Automechanika Shanghai），2011 年 Automechanika Shanghai 才刚刚跻身"商展 100 大"，排名第 69 位，2012 年跃进到第 55 位，2013 年进入前 50 名，排名第 38 位，2015 年进入前 30 名，排名第 30 位，2017 年进入前 10 名，超过母展 Automechanika，排在第 6 位，一路过关斩将，风风火火地闯进了"商展 100 大" 10 强，见证了中国展览的发展速度。中国国际工程机械、建筑机械、工程车辆及设备博览会（bauma China）也有着相同的经历，它们在我国经济不断发展过程中获得了内核发展的神秘动力，从此造就了展览发展的独特历史。

八、展览的生命周期

每个展览都有自己的生命周期和运行曲线，这主要与市场变化和展览运作有关。当一批展览飞速发展时，另有一部分展览黯然离场，让人伤感。

2018 年 11 月 28 日，德国汉诺威展览公司突然在官网上宣布，世界最大的 ICT 盛会——汉诺威消费电子、信息及通信博览会（CeBIT，2018 年排名第 28 位）将不再举办，并感谢大家 33 年来的陪伴。CeBIT 原是汉诺威工业博览会（HANNOVER MESSE，排名第 15 位）中的一部分，1986 年 3 月 12 日 CeBIT 从 HANNOVER MESSE 中分离出来单独成展，第 1 届就拥有 20 万平方米的展出面积，以后不断发展。人们常说："CeBIT, too big。"

2007年CeBIT展出面积达40万平方米,成为世界上首屈一指的ICT展会。CeBIT的停办,引起了广泛的关注,毕竟CeBIT在中国有着很大的影响力,每年超过500家中国企业如约赴德,带去中国品牌,带回大批外贸订单。2015年,中国曾作为CeBIT伙伴国,把中国元素推向了高潮。

自2008年"商展100大"推出以来,CeBIT始终是榜单中排列前位的知名展览,CeBIT的停办令人惋惜,让人不禁想起历史上那些停办的知名展览。美国拉斯维加斯电脑展(comdex)曾经是科技界的风向标,创办于1979年,是当时全球最大的信息产业展会,是世界IT界朝圣的目的地,2004年突然停办。创建于1974年的国际家用电器博览会(domotechnica)曾是全球最具影响力的白色家电展览会,从2006年起在科隆举办,周期为两年一届,2010年停办。

万物皆有始终,展览也是一样,每个展览都有自己的发展曲线,无论是大型国际展览,还是一般地方小展,都有自己的生命周期。只有顺应市场进程,快速成长,努力保持在高点,依靠不断创新激发出新的主题,造就新的市场潜能,才能延缓衰退。

九、全球新展都——上海

在2019年"商展100大"中,上海入选展览达到11个,与德国科隆并列,成为入选"商展100大"展览最多的城市。改革开放带动了长三角地区工业、金融和消费的快速增长,奠定了上海作为国际展都的基础。上海新国际博览中心的建立,使一大批国际品牌展览在上海生根开花,更多的自有品牌展由小到大,蓬勃发展,上海已经成为中国无可替代的展览中心。2014年,拥有40万平方米的国际会展中心落成开馆,打开了上海作为世界展览之都的全新空间。便捷的交通、充裕的酒店、丰富的旅游资源,都是大型国际展览落户上海的理由。广州国际建筑装饰博览会(CBD)、广州国际家具博览会(CIFF)等一批大型展览涌进上海,又为上海展览锦上添花,上海又向"世界展都"迈进了一大步。

虽然数量上达标,但要想成为世界一流展都,还要看所办展览的气质。这种气质一方面表现在定位上，绝大多数上海的大型商展还不具有国际顶级商展的定位，特别是入榜的很多上海展览还是德国展览在中国的子展，其定位也被限定在中国或亚太地区，这些展览主要起到交易场所作用，因此不具备成为全球本行业风向标的实力。另一方面，展商和采购商的质量及国际性也是一个重要的指标，仔细观察世界顶级商展，它们的气质还表现在大量发布新品、大企业高层参与、各国媒体集中、高品质展览活动、大量行业培训、世界级行业专家聚集，以及与尖端院校广泛合作等方面。比如德国顶级大展，大多是本行业全球发展引擎，参加的不仅是销售员与采购商，还有来自世界各地的业内大咖、技术泰斗和商界领袖，谈论最多的是行业趋势，为行业规划发展指明方向。讲数量，还要求质量。对标德国，上海要成为世界最闪光的展览之都，任重道远。

第二节 Top10 大热门——最受中国企业推崇的境外展

2010 年，《进出口经理人》借展出海栏目第 1 次推出"大热门 Top10——最受中国企业推崇的境外展"，到今天已经过去 10 年。每一年，这份榜单都会出现一些新变化，有老展退出，也有新展加入。无论如何，入榜的这些展览大部分都是行业领先展，并且涉及的五金、电子、建材、汽车、消费等领域反映了中国出口产品的主要结构。

2019 年，世界贸易动荡加剧，传统产业和新兴产业之间的碰撞激烈，技术革命和产业革命改变了全球价值链的格局，外贸企业和展览企业不得不适应新的市场环境。这一总体趋势将继续左右 2020 年的贸易大环境。

2019 年，这些展览进入最受中国企业推崇的境外展榜单。

科隆国际五金博览会
EISENWARENMESSE
2021 年 2 月 21—24 日

www.eisenwarenmesse.de

科隆国际五金博览会每两年举办一届,是全球五金行业不可错过的专业展览会。

2018 年,科隆国际五金博览会吸引了来自 58 个国家和地区的 2770 家参展商和来自 143 个国家和地区的 4.7 万余名专业观众(人数增长 9%)。同时,展会国际化程度也进一步提升:87% 的参展商和 70% 以上的专业观众均来自德国以外的国家和地区;专业观众分布新增了 19 个国家。数字化是 2018 年科隆国际五金博览会的一大趋势主题,全球各大企业的决策者在科隆国际五金工具博览会上发掘新产品、创新成果和全新潮流趋势。

多年来,中国五金及其相关行业制造水平不断提高,在国际市场的竞争力愈发凸显。科隆国际五金博览会已经成为中国企业展示筋骨并开拓市场的重要国际性展会。

俄罗斯莫斯科国际建材展
MosBuild
2021 年 3 月 30 日—4 月 2 日

www.mosbuild.com

俄罗斯莫斯科国际建材展(MosBuild)由 Hyve 集团(原 ITE 集团)主办,每年一届,是俄罗斯乃至东欧地区领先的建筑及装饰材料展览会。

2019 年,MosBuild 专业观众人数持续增长,超过 7.7 万人次;展出面积 8 万平方米,使用 16 个展厅;参展商来自 40 个国家和地区,共约 1200 家。由于参展人数已经超出了场地容量,2019 年展会主办方决定将展会整体搬到俄罗斯最大的展览中心——Crocus 国际展览中心。

近两年,俄罗斯全国工业建筑和商用房建筑竣工面积分别达到 1.3 亿平方米和 9000 万平方米,几乎相当于前 10 年建筑面积的总和。房地产开发需要大量的建筑装饰材料。俄罗斯对石材、隔板、吊顶材料、壁纸、地板、厨房卫生设备、塑钢门窗、散热器和陶瓷卫浴的需求十分旺盛。但由于历史原因，俄罗斯建筑材料制造业一直不够发达，大量的材料须从国外进口。加之欧洲国家的产品价格昂贵，令一般俄罗斯人不敢问津，为价廉物美的中国建材产品留下了巨大的市场缺口。现在已经有一些中国建材产品进入俄罗斯市场，每年的贸易额达数亿美元。

汉诺威工业博览会
HANNOVER MESSE
2021 年 4 月 12—16 日
www.hannovermesse.de

汉诺威工业博览会（HANNOVER MESSE）始创于1947年8月，每年举办一届。发展至今，HANNOVER MESSE 已经成为当之无愧的"世界工业贸易晴雨表"和"全球工业技术发展风向标"。

2019年，汉诺威工业博览会吸引了6500家展商参加；21.5万名专业观众前来参观，其中40%来自德国以外；净展出面积达到22.7万平方米。其中，中国展商数为1400家，参展面积2.2万平方米，观众数量为7200名。合作伙伴国瑞典凭借高新科技脱颖而出，共有160家公司参展。下一届合作伙伴国是印度尼西亚。

让数字化转型触手可及，是2019年汉诺威工业博览会的愿景。重要论题包括：工业和机器人领域的人工智能、工业应用中新5G移动通信标准、轻量设计及数字化迅猛发展背景下未来工作等。处在数字化转型时代，汉诺威工业博览会也在不断发展。得益于品牌重塑、新主题方案、新展馆布局等战略调整，汉诺威工业博览会正不断强化自身作为全球工业技术顶尖展会的角色定位。

德国柏林国际消费类电子产品展
IFA
2020 年 9 月 3—6 日
www.ifa-berlin.de

德国柏林国际消费类电子产品展（IFA）始于 1924 年，最初两年一届，自 2005 年起改为一年一届。它是目前世界上规模和影响力最大的消费类电子及家用电器产品展览会之一，是全球消费类电子产品生产商和贸易商聚集和展示新产品、新技术的最主要平台。

根据主办方提供的数据，2019 年 IFA 展出面积超过 16 万平方米，吸引了 1939 家参展商，超过 23.8 万名观众到现场参观，其中 50% 以上的贸易参观者来自德国以外，国际观众人数再次创下历史新高。在消费电子和家用电器领域，三大技术趋势主导着 IFA：语音、人工智能和连接性，特别是 5G 移动网络。

IFA 是中国电子家电企业不会遗漏的国际性顶级展会。在 2019 年 IFA 上，华为、海尔、海信、美的、TCL、格兰仕、长虹等中国品牌纷纷亮相，展出了智能家居等众多创新产品。对于中国企业来说，IFA 是展示品牌和技术的好平台，也是饱览世界"黑科技"的好地方。

科隆国际体育用品、露营设备及园林生活博览会
spoga + gafa
2020 年 9 月 6—8 日
www.spogagafa.com

科隆国际体育用品、露营设备及园林生活博览会（spoga + gafa）是全球最大的花园交易会。从 1960 年起，spoga + gafa 于每年 9 月在德国科隆举办。自 2006 年开始，spoga + gafa 启用新的展馆，展出面积可达 23 万平方米，展商按展品类别分置于各专业馆。无论是植物的最新趋势、花园的高品质用品，还是最新的烧烤设备，spoga + gafa 均一一呈现。

2019 年，spoga + gafa 吸引了来自 124 个国家和地区的 4 万名专业观众

前去观展，海外专业观众的比重约为 64%；在 23 万平方米的展区，来自 67 个国家和地区的 2281 家参展商展示了未来花园领域的最新潮流趋势。专业观众来自零售贸易、专业批发、花园中心、自助商店、百货公司、家居贸易等。90% 的受访者参与了采购决策，其中 40% 是关键决策者。2020 年，spoga + gafa 的新焦点话题是"可持续花园"。

法兰克福国际汽车零配件及售后服务展
Automechanika
2021 年 9 月 14—18 日
www.automechanika.com

  法兰克福国际汽车零配件及售后服务展（Automechanika）每两年举办一届，是世界上最大的汽车 B2B 贸易博览会品牌。2018 年，Automechanika 系列在 15 个国家举办 16 场展会。在法兰克福举办的展会就吸引了来自 76 个国家和地区的 4987 家参展商前来展出，展出面积达 31.5 万平方米。

  2020 年，Automechanika 将首次以车身和喷漆（Body & Paint）作为一个独立的产品群。为了庆祝这一举措，Automechanika 将在英国、南非、中国、迪拜、墨西哥和德国这 6 个国家举行国际比赛。在这几个国家，车身和喷漆专业人员将设计汽车引擎盖，同时在举办汽车机械博览会的国家寻找灵感。每个国家的专家小组负责挑选一名全国冠军，然后前往法兰克福参加决赛。

印度国际工程机械、建材机械及工程车辆展
bauma CONEXPO INDIA
2020 年 11 月 3—6 日
www.bcindia.com

  印度国际工程机械、建材机械及工程车辆展（bauma CONEXPO INDIA）自 2011 年开始举办，是德国慕尼黑国际博览集团全球 bauma 系列展会的重要组成部分。目前，该展会已成为全球工程机械行业重要的展会，以及印

度及南亚最大的工程机械展会之一。

bauma CONEXPO INDIA 的规模逐年扩大，国外展商比例越来越高。2018 年，展出规模达到 19.5 万平方米，比 2016 年增长 30%；共有 61 个国家和地区的 668 家展商参展，国际展商占比达 51%，其中中国是最大的参展国。徐工、三一重工、中联、柳工、临工、中铁装备、陕建等中国知名企业均参展。2018 年，3.9 万人次的专业观众参观了展会，比 2016 年增长 20%。

印度已成为全球继美国、日本、俄罗斯、澳大利亚之后，我国工程机械第五大出口目的国。印度基础设施建设潜力巨大，未来数年工程机械市场将有突破性需求。预计 2020 年 bauma CONEXPO INDIA 展出面积、专业观众数量和展商数量将继续增加。

德国慕尼黑国际电子元器件和组件博览会
Electronica
2020 年 11 月 10—13 日
www.electronica.de

德国慕尼黑国际电子元器件和组件博览会（Electronica）自 1964 年开始每两年举办一届，已成为全球电子元器件领域最具影响力的展会。展品包括常规半导体、嵌入式系统、传感器、微机电系统、继电器、开关和连接器技术、电机/系统外围设备、线缆、微波技术、显示技术、电源、汽车电子及测试、无线技术、信息采集及服务等。

根据主办方的统计数据，2018 年，Electronica 共有来自 53 个国家和地区的 3124 家企业参展，其中 70% 为国际展商；使用了 17 个展馆，展览面积达 18.2 万平方米；吸引了来自 101 个国家和地区的 8.1 万名专业观众前来参观，其中 50% 来自德国本土以外。排在前 5 位的观众来自中国、法国、英国、意大利和以色列。观众最感兴趣的展品类别是半导体、无源元件、传感器、汽车、嵌入式系统和电源。

世界医疗论坛国际展览会
MEDICA
2020 年 11 月 16—19 日
www.medica.de

世界医疗论坛国际展览会（MEDICA）始于 1969 年，每年固定在德国杜塞尔多夫举办一届，被公认为世界上最大的医院及医疗设备展览会，其影响力位居世界医疗贸易展的首位。世界著名大公司和生产常规医院设备、医疗产品的企业都在 MEDICA 上推出最新产品，推广最新技术。

根据主办方的展后报告，2019 年，MEDICA 吸引了 5500 多家展商参展，刷新了参展商数量纪录；来自 170 个国家和地区的 12.1 万名全球观众到场参观，其中 2/3 来自德国以外，并且 90% 以上的观众拥有决策权。

医疗机器人应用成为 2019 年 MEDICA 的一个焦点展出内容，并将在未来变得更加重要。医疗机器人这一开创性的话题已被列入了 MEDICA 的参展商产品类别。通过这种方式，拥有"医疗机器人"专业技术的公司，如 KUKA、AKTORmed、Intelligent Motion 和 Stryker，现在可以被访客快速识别。

美国国际消费类电子展
CES
2021 年 1 月 5—8 日
www.cesweb.org

美国国际消费类电子展（CES）创始于 1967 年，由美国消费电子产品协会（CEA）主办，每年 1 月在拉斯维加斯举办，是全球最大的消费类电子技术产业盛会。该展每年都云集时下最优秀的消费类电子厂商和 IT 核心厂商，展出最先进的技术和创新产品。50 年来，CES 一直是创新者和突破性技术的试验场，将下一代创新技术引入全球舞台。2019 年，CES 展示了 5G、人工智能、交通等领域令人印象深刻的新产品。

根据主办方公布的统计数据，2019 年 CES 展出面积达到 27 万平方米；

4400多家参展企业同台竞技；超过17万名专业观众前来助阵，其中国际观众约6.1万名，观众来源地前5名是美国、中国、韩国、日本和法国。

第三节 年度展览

从2011年开始，《进出口经理人》每年12月推出一个世界范围内当年最杰出的商业展览作为年度展览，见表3-3。这些展览当之无愧是最优秀的和最值得参加的国际展览。

表3-3 历年年度展览推荐

年份	年度展览名称	简称
2019	中国国际食品及饮料展	SIAL CHINA
2018	中国国际进口博览会	CIIE
2017	巴西国际建筑展	FEICON BATIMAT
2016	俄罗斯莫斯科国际食品展	WorldFood Moscow
2015	国际暖通空调制冷卫浴及能源展	MCE
2014	汉诺威消费电子、信息及通信博览会	CeBIT
2013	法兰克福国际汽车博览会	IAA
2012	汉诺威工业博览会	HANNOVER MESSE
2011	德国柏林国际消费类电子产品展	IFA

第四章 世界展览版图

第一节 世界大展的聚集地——德国

一、市场概况

德国作为贸易展览大国,既有历史传统,又有现实发展动力。1895年德国莱比锡举办的第一届国际样品博览会,被誉为贸易展的鼻祖。

德国地处欧洲的中心地带,经济高度发达。在德国,几乎可以找到各个门类的世界级展览。如净面积超过60万平方米的世界第一大展——慕尼黑国际建筑机械、建材机械、矿山机械、工程车辆及建筑设备博览会(bauma)。德国展览业将社会经济行业细分成99个展览会主题,每个展览会主题又分成若干分支,几乎涵盖了所有工业产品领域和社会服务行业。如建筑行业又细分为旧建筑物修缮、电梯、建筑陶瓷、建筑机械、建筑材料、建材机械、屋顶建造、窗户、玻璃加工技术、室内设计、陶瓷生产、电梯制造、大理石、房屋修缮、防晒、石材、道路建造、门等分支。法兰克福、科隆、汉诺威等城市不但拥有全球最大的展览馆,其展览公司也拥有多个世界顶级展览,实力不容小觑。

12年"商展100大"数据显示,德国展览所占比例一直遥遥领先。2008年,德国在世界商展100大排行榜中的席位是62席,之后随着中国等新兴展览市场的突飞猛而略有下降,2019年德国仍占有50席。可见,世界上成熟的大型商展德国占据半壁江山,是当之无愧的世界第一展览大国。

二、典型展会介绍

1. 德国慕尼黑国际建筑机械、建材机械、矿山机械、工程车辆及建筑设备博览会（bauma）

德国慕尼黑国际建筑机械、建材机械、矿山机械、工程车辆及建筑设备博览会三年一届，是全球工程机械行业规模最大的展示平台，也是全球规模最大的展览会，在"商展100大"中常年居第1位。上届展会规模再度突破，展示面积拓展到61.4万平方米，相当于100个足球场大小。汇聚了60多个国家和地区的3700多家展商，观众数量超60万。

2. 汉诺威工业博览会（HANNOVER MESSE）

汉诺威工业博览会是世界顶级的专业性贸易展览会，每年一届，创办于1947年，迄今已有73年的历史。汉诺威工业博览会荟萃了各个工业领域的技术，引领着世界工业的创新与发展，是"世界工业发展的晴雨表"，并且已经发展成为全球工业贸易的旗舰展和影响力最为广泛的国际性工业贸易展览会。2019年展会吸引了来自75个国家6500家参展商，其中中国企业参展面积2.2万平方米，参展商1400家，再次创下国际展商最高纪录。在展会的21.5万名参展观众中，40%来自德国以外。

第二节　不容错过的展览市场——美国

一、市场概况

美国在全球会展业的地位也不容小觑，每年举办的展览会不计其数。举办展览最多的城市是拉斯维加斯、奥兰多、芝加哥和纽约等。尤其是拉斯维加斯，是名副其实的会展城市。

美国展会主办者多为非官方性质，展会决策、运营更为灵活，很多展会的主办方是协会。如世界最大的电子展——美国国际消费类电子展（CES）主办方是美国消费电子产品协会，美国阿纳海姆国际乐器灯光音响展（NAMM）由国际最大的国际音乐产品协会主办。

鉴于美国市场的特点，几乎美国展只服务美国市场，所以展会规模与欧洲大型展会相比有一定差距。在"商展100大"中，2009年美国占据9个席位，而2019年仅占5席，分别是美国国际工程机械博览会CONEXPO—CON/AGG（第7名，35.6万平方米）、劳德代尔国际游艇展FLIBS（第20名，27.8万平方米）、美国国际消费类电子展CES（第28位，25.8万平方米）、拉斯维加斯服装展MAGIC（第52名，20万平方米）和芝加哥国际制造技术展IMTS（第93名，13.2万平方米）。

二、典型展会介绍

1. 美国建筑建材展（IBS）

IBS由美国住房建筑商协会（NAHB）主办，2019年迎来了第75届，也是过去12年来规模最大的一届展会。参观人数超过10万人，展商超过2000家，展览净面积达到10万平方米。下届展会举办时间和地点为：2021年2月9—11日，奥兰多。

2. 美国国际消费类电子展（CES）

CES始于1967年，现已成为了全球各大电子产品企业发布产品信息和展示高科技水平及倡导未来生活方式的窗口。2020年1月7—10日，美国国际消费类电子展（CES）在拉斯维加斯举行，全球4400多家企业携带各自的最新产品和先进技术参展，前来参展的业界人士和观众超过17万人。包括华为、联想、TCL、海尔等1000家中国企业，展示了包括5G、人工智能、智能家居、电动汽车等领域的诸多创新技术和产品，吸引了大量观众和媒体的目光。

第三节 "一带一路"展览的崛起

自2013年"一带一路"倡议提出以来，中国积极推动"一带一路"建设，加强与沿线国家的沟通磋商，推动与沿线国家的务实合作，实施了一系列政策措施。2019年，我国企业在"一带一路"沿线对56个国家非金融类直接投资达150.4亿美元。对外承包工程方面，我国企业在"一带一路"沿线的62个国家新签对外承包工程项目合同6944份，新签合同额1548.9亿美元，占同期我国对外承包工程新签合同额的59.5%，同比增长23.1%；完成营业额979.8亿美元，占同期总额的56.7%，同比增长9.7%。与沿线国家货物贸易超过1.3万亿美元，增长达到6%，对外贸易总额比重提升2个百分点，达到29.4%。

随着"一带一路"建设的深入实施，企业借助展会开拓新兴市场的需求增强。"一带一路"沿线企业参展数量不断增多，展览面积稳步增长，参展企业数稳步提升。其中，俄罗斯、印度、阿联酋、泰国、印度尼西亚和土耳其等成为最受欢迎的参展目的国。

一、波兰

(一) 市场概况

波兰位于东欧和西欧的交界处，是欧洲的中心。波兰人口约占中东欧总人口的1/3，经济总量约占中东欧经济总量的1/3，中波双边贸易额也占中国和中东欧贸易总量的1/3。波兰作为中欧最大的经济体，消费人数近4000万，比捷克、斯洛伐克以及匈牙利3个国家的总和还要多。波兰于2004年5月1日正式成为欧盟成员国，2007年12月21日加入申根区。波兰加入欧盟后获得了更加稳定和更大的市场准入及财政援助。欧盟为波兰注入贷款，改善其落后的设施，此举也加速了波兰发展的步伐。政治稳定和加入欧盟使波兰贸易更加自由便利，成本下降，市场潜力加大，独特的地理优势和经济优势使其逐步成为中东欧经济发展中心。

中波经贸合作基础牢固，经贸合作互补性强，合作潜力巨大。波兰是最早一批响应"一带一路"倡议及最早同中国签署"一带一路"政府间谅解备忘录的国家之一。近年来，两国贸易以年均8%的速度保持增长，2018年双边贸易额达到245.8亿美元，同比增长15.3%。中波互为对方在各自地区的最大贸易伙伴。有90%的中欧班列通过或者抵达波兰，格但斯克港是中远海运在波罗的海的分拨中心，每星期都有近2万标箱集装箱船往返于波兰和远东地区。作为欧盟新兴经济体，波兰正致力于再工业化，迫切希望将其提出的"三海合作"倡议与"一带一路"对接。波兰是加工工业中心，波兰进口很多来自中国的产品进行重新加工制作，再向其他欧洲国家出口。

诸多优越的条件促进了波兰会展业快速发展。有着上百年历史的波兹南国际展览中心（MTP）组展规模和历史长期位居中东欧地区第1的位置；凯尔采国际会展中心（Targikielce）尽管只有26年的历史，但凭借其迅猛的发展速度和创立的知名专业展览会的声誉，以及每年组织70个展览的规模，已经跃居成为中东欧地区第二大会展中心。最近3年，新建的华沙会展中心（PTAK），凭借其展厅14.3万平方米面积，超越MTP成为波兰及中东欧地区第一大会展中心。

波兰的会展业囊括了各个领域，许多展览已经成为中东欧地区最大、最知名的展览会。比如，凯尔采国际国防军需用品展、波兰农机展、波兰塑料工业展、波兰工业周、波兰照明展、波兰汽车及配件展、波兰食品展、波兰铁路交通展等。

近年来，中国企业自发或通过相关组织参加波兰展会均取得了非常好的贸易效果。一些具有实力的国内组展单位或政府机构也在波兰组织了不同主题的中国商品展览会。企业参加波兰的展会，给波兰及周边地区经济贸易带来了积极的影响，也促进了周边地区与外国投资者的合作。

(二)典型展会介绍

1. 波兰国际建筑材料及室内装修展(Kielce DOM Expo)

Kielce DOM Expo 是由波兰凯尔采国际展览公司主办的贸易展会。展会期间,有来自波兰建筑协会、波兰地质研究所、国家研究所等机构的行业专家为企业主持研讨会和发布会,发布最新市场需求,开展建筑及室内装饰业内信息交流,扩大贸易的机会。展会每年一届,2020年是第27届。

该展是最受当地欢迎的贸易展会,2019年有200多名展商参展,吸引了2万多名客商前来观展,主办方还邀请了大批零售商、批发商、工业买家、进口商、分销商到会洽谈业务,同时通过媒体推广此展。

专业客商:波兰建筑协会,波兰家具制造商商会,克拉科夫工商会,波兰卫浴、供暖、燃气及空调单位,波兰进出口商及合作商会等。

展品范围:建筑材料,建筑金属化学用品,绝缘材料,五金,卫浴,地板、门窗、顶棚和房顶材料,固定件/紧固件,电动工具,玻璃,轮廓系统,壁炉,窗罩门,硬件,瓷砖,家具,软件,装饰装修和建设服务等。

2. 波兰国际安防及防卫设备展(MSPO)

波兰国际安防及防卫设备展是欧洲最大、最重要的国防工业展会之一。展会自开办以来,受到各国国防、安全机构的关注,每年都在飞速发展。展会每年一届,2020年是第28届。

2019年第27届MSPO吸引了来自31个国家的610家展商参展(其中303家来自波兰,另外307家来自全球其他国家和地区),展会面积2.7万平方米,共使用7个室内展馆以及展览中心所有的室外空地。注册观众共计3万人。观众来自全球50余个国家,90.5%的观众表示本次展会效果非常好/很好。波兰总统安杰伊·杜达、波兰国防部部长马里乌什·布瓦什恰克、美国驻波兰大使乔其特·莫斯巴赫、阿波罗15号任务宇航员阿尔弗莱德·沃尔登等贵宾亲临现场参观视察。

在展会期间,波兰、美国、安哥拉、加拿大、中国、刚果、捷克、法国、匈牙利、以色列、巴基斯坦、秘鲁、卡塔尔、罗马尼亚、斯洛文尼亚、南非、泰国、乌克兰等国国防方面的专家出席了研讨会。美国、匈牙利、秘鲁、斯洛文尼亚和乌克兰的空军指挥官也出席了会议。参会者中既包括波兰国内军队、警察部门、军事部门、国防部、内政部和政府的专家，也有外国代表团和隶属波兰的军事部门。展览会中最受欢迎的产品受到了嘉奖，并得到奖章和荣誉证书。

（三）资料来源

北京恒立伟业国际展览有限公司

网址：www.heliview.cn

温馨提示

与参加其他东欧国家展览相比，参加波兰展览具有得天独厚的优势。首先，展品运输和通关没有障碍，展品运费也比俄、乌两国低很多。其次，参展的摊位费、装修费都大大低于西欧的展览会。波兰既是申根国家，又是欧盟成员国，在波兰参展具有较高的生活质量保障。

恒立伟业是波兰凯尔采市政府中国代表处，也是凯尔采国际展览中心全部60多个国际展览会在中国的总代理机构，同时也与波兰格但斯克国际展览中心、华沙国际展览中心建立了良好的合作关系。多年来，恒立伟业一直负责接洽中波两国商业合作，组织市场投资、出国参展、商务参观等活动，为两国经贸往来及文化交流提供综合服务，也为国内企业开拓波兰等中东欧及独联体市场提供无限商机。

通过恒立伟业的牵线搭桥和积极努力，浙江省台州市及余姚市分别与波兰凯尔采市建立了友好城市，双方市政府领导多次互访，增进了彼此间的沟通与交流，促进了双方经贸的发展。

二、斯里兰卡

(一) 市场概况

2009年，斯里兰卡结束了长达26年的内战，进入和平发展时期。2018年，该国GDP总量为880亿美元，人均GDP为4102美元。斯里兰卡是亚太贸易协定和南亚自贸协定成员国，与包括中国在内的27个国家签署了《双边投资保护协定》，与38个国家签订了《避免双重征税协议》。

过去10年，斯里兰卡与中国的经济关系发展迅速。2016年，中国首次成为斯里兰卡最大贸易伙伴和进口来源国，目前，中国已成为斯里兰卡的主要贸易伙伴。斯里兰卡制造业薄弱，大部分工业原材料和半成品须从国外进口。除中国以外，最大的进口市场为印度。

斯里兰卡自中国进口的主要商品包括：电气及电子产品、机械器具及零件、针织物及钩编织物、棉花、钢铁、矿物燃料等。

(二) 典型展会介绍

1. 斯里兰卡医疗展（Sri Lanka Medical Equipment Expo.）

在南亚，斯里兰卡的卫生事业比较发达。在全国有较为完善的卫生保健网，实行免费医疗已有50多年的历史。

该展每年一届，由斯里兰卡卫生部举办，是斯里兰卡境内最大的综合医疗展。斯里兰卡医疗全免费，医疗产品由卫生部统一采购。展会展示了现代医疗、疾病预防、治疗方案及最新的服务科技。专业观众主要是医院和诊所人员、医院建筑设计人士、医院及政府采购人员、大学和研究机构、医院用品批发贸易公司、分销商和代理商等。

2. 斯里兰卡建材展（Sri Lanka Construction Expo.）

自2001年以来，由斯里兰卡国家建筑协会（NCASL）主办的斯里兰卡建材展已经举办了19届。该展已经成为该行业在南亚地区的重要贸易展览会。展会是一个国际展览，展商主要来自马来西亚、印度、巴基斯坦和中国。观众包括民用建筑、采石、建筑材料和相关行业的关键决策者。

3. 斯里兰卡中国商品展（Sri Lanka Chinese Commodities Fair）

斯里兰卡中国商品展由斯里兰卡锡兰建筑协会和 LECS 展览公司共同举办。锡兰建筑协会由斯里兰卡的优秀建筑商和工程师组成，每年展会期间，锡兰建筑协会的建筑商和工程师都会参观展会做采购。展会受到了斯里兰卡国家建设部、建筑协会、国家经济发展部、工商部、劳动局、国家投资发展局、工商协会等机构的大力赞助与支持。2017 年，该展有 248 个展位，185 名参展商，海外展商来自中国、新加坡、韩国、马来西亚和印度等国，其中中国参展商 62 家。超过 1 万名专业观众前来观展。

斯里兰卡的物质匮乏，物美价廉的中国商品在斯里兰卡十分受欢迎，近年来参加中国商品展的参展商，多数在展会第 1 天样品都被抢购一空。

4. 斯里兰卡食品包装展（Sri Lanka Profood & Propack Exhibition）

由 LECS 公司和斯里兰卡食品协会主办的斯里兰卡食品包装展是斯里兰卡最专业的食品展会。

2017 年，有来自超过 20 个国家的 200 多名参展商在展会上展示了新产品，展位数达到了 340 个，参观量 2.1 万人次，其中专业观众人数 4657 人。该展会获得了斯里兰卡国家工业贸易部、斯里兰卡国家农业部和食品加工发展促进有限公司的大力支持。

展会不仅提供了一个供食品饮料行业创新、交流及商务联系的优越场所，同时有机地整合了整个包装行业——从包装机械到包装产品的市场资源，以满足所有来访的包装终端用户的需要。

5. 斯里兰卡汽配展（Sri Lanka Motor Show）

作为南亚的大国之一，伴随着其强势的经济发展，斯里兰卡日益增长的中产阶级对汽车的要求已上升至新的高度。斯里兰卡汽配展是企业开拓新兴市场的最佳平台。此展将为企业带来汽配行业最新的市场资讯，为企业提供充足的贸易机会，使企业真实而全面地了解斯里兰卡汽车行业的发展。近几年，斯里兰卡机动车市场保有量大幅增长，同比增长幅度达72%。其中，新增车辆最多的为摩托车，约3.75万辆。斯里兰卡作为沿海国家，岛上常年碱性很大，对于摩托车的耗损严重。斯里兰卡居民平均每年要对自家摩托车进行维修和保养2~3次，因此斯里兰卡每年需要的汽摩配件并不比车辆本身数量少。然而，在工业制造不发达的斯里兰卡，汽摩配件便成了重要的进口项目之一。

（三）资料来源

北京朗盛欧陆国际展览有限公司

温馨提示

斯里兰卡的宗教信仰很多，大部分人信奉佛教，此外，信奉天主教、伊斯兰教、印度教的人也很多。基本每个宗教节日斯里兰卡都放假，假期非常多，生活、办事节奏都很慢，做生意要尊重当地宗教信仰，一定不能太急性子。

推荐斯里兰卡展会主办方：Lanka Exhibition & Conference Service (Pvt) Ltd.。该主办方连续5年荣获斯里兰卡总统奖，拥有15年的组展经验，组织过国内外上百场展会，操办着斯里兰卡80%的展会。展商综合满意度平均达88%以上。展会主办方可以根据展商要求举办B2B商贸对接会，邀请相关企业家进行对接，安排展商前往当地的公、私立医院，商贸市场，行业协会，出口管理局等进行考察、对接及沟通交流。

三、伊朗

（一）市场概况

伊朗人口众多，有8000万人，其中65%以上是城镇人口，同时年轻人口比例也超过60%，经济活力及消费潜力巨大。拥有全世界最丰富的矿产资源，石油、天然气、铁、铜、煤炭、锌、铬、锰、锑、铅、硼、重晶石、大理石等储量和产量都居世界前列。

虽然伊朗被美国实施经济制裁长达40多年，却完整地发展了中东最大、最全的工业体系。其技术水平稍有欠缺，却正好能发挥"中国制造"的互补优势，铁路、公路、基建等都是中国的重要承包项目，汽车行业更是占据中国自主品牌出口全球50%的份额，是奇瑞、江淮、力帆、华晨等企业最重要的目标市场。另外，该国石油、汽车配件、机电、食品、美容化妆品、医药化工、纺织、皮革等行业也大量进口中国制造的商品。

伊朗展览业经过几十年的发展，已经形成了专业成熟的行业，除了石油、汽车等少数几个行业展由政府承办，绝大部分行业展都由10年以上办展经验的私营公司承办和组织。虽然伊朗周边有土耳其、迪拜等同是中东地区的优势展览举办地，但是得益于伊朗的庞大人口和市场潜力，以及完整工业的优势，因此每个行业的展会都能形成一定规模，基本都能达到1万平方米，重点行业展会都在3万平方米以上。不论是伊朗本土的参展商还是国际参展商，都能在展会上取得很好的收获。

德黑兰目前90%的行业展会都集中在永恒国际展览中心（Tehran International Permanent Fair Ground）。该展览中心位于德黑兰市区北部，拥有室内展览面积超过12万平方米，室外展览面积超过5万平方米，还有3个大型停车场，遍布绿地和花园，有银行、海关、仓储等配套服务，周边还有知名的四星和五星级酒店，交通便利，为参展商和观众提供了优质的参展条件，而且历年来有影响力的当地展会都在此举行，因此观众形成了较为固定的参观习惯。

同时，还有少数展会在穆萨拉展览馆（MUSALLA）举行，但由于展览场地不足2万平方米，因此一般大型的展会无法在此举行。

（二）典型展会介绍

1. 伊朗美容清洁展（IRAN BEAUTY & CLEAN）

伊朗美容清洁展已经连续举办了26届，主办方为 SAMEE PAAD

NOVIN CO.。每年展会占据 12 个展馆,面积接近 5 万平方米,有 400 多家企业参展,包括意大利 COSMOPROF 带来的欧洲展团和飞屋环球组织的 40 多家中国企业,观众人数超过 6 万人次。

2. 伊朗石油展（IRAN OIL SHOW）

伊朗石油展由伊朗石油部主办,展出面积为 8 万平方米。有来自德国、英国、法国、瑞士、西班牙、俄罗斯、中国、印度、日本、韩国等 22 个国家的企业参展,虽然从 2018 年开始美国明令制裁伊朗石油行业,但仍然有 500 多家企业每年参加伊朗第一大产业的专业石油展。

3. 伊朗食品农业展（IRAN AGROFOOD）

伊朗食品农业展是极少数由德国公司与伊朗当地公司共同举办的行业展会。上届展会有来自 35 个国家的 711 家企业参加,观众来自 27 个国家,超过 4 万人,中国每年参展企业超过 100 家。

4. 伊朗纺织工业展（IRANTEX）

伊朗纺织工业展由 SAMEE PAAD NOVIN CO. 主办,举办了 25 届,德国机械制造协会（VDMA）、意大利纺织机械协会（ACIMIT）和瑞士机械协会（SWISSMEN）等每年组织 50 多家欧洲企业参展。中国企业数超过 100 家,为该展最大的国外展团。每年中国纺织及纺织机械企业出口伊朗超过 50 亿元人民币。

（三）资料来源

飞屋环球国际展览（北京）有限公司

网址：www.flyinghouseexpo.com

二维码

温馨提示

由于伊朗市场还属于发展中市场，因此很多展会达不到像欧美那样行业细分，因此只要展品范围有相关性的行业展会，企业都可以考虑参加，如医疗展和医药展，食品展和糖果糕点展等。

伊朗国际展览中心由于场地有限，很多行业展会时间排期并不固定，但一般不会取消，因此参展企业不必要质疑展会的专业性，同时由于中国展览公司服务的市场不同，经常会被误导伊朗展会被取消等事宜，希望参展企业多渠道了解当地行业展会，以免错失机会。

美国制裁伊朗已经超过40年，中国与伊朗的贸易往来从未中断，反而是在制裁时期不断攀升。有接近上万家中国企业从事对伊贸易，每年进出口额超过2500亿元人民币。在伊朗市场遇到的竞争远远小于其他国家，中国企业要抓住机遇，像汽车产业一样不断开发这个"一带一路"最重要的市场。

飞屋环球深耕伊朗市场多年，可以为参展商和展览同行提供优质的展位预订、展台装修、人员商旅等一条龙服务。

由于伊朗长期受美国制裁，因此互联网不发达，尤其是银行系统无法接入SWFIT系统。展会是伊朗最重要的经济活动渠道，哪怕现在美国又加大了制裁，但没有一个行业展会因此取消，反而有更多新的细分行业展会举行。虽然国际参展商可能减少，但当地参展商极为踊跃，填补了国际展商的空缺，有些热门展会比如美容清洁展、塑料展等展位仍然供不应求。

四、巴拿马

（一）市场概况

巴拿马位于中美洲地峡最狭窄之处，是连通南北美洲的"咽喉"，被称为"世界桥梁"。巴拿马运河是世界上最重要的运河之一，全球每年近8%的贸易运输通过该运河，有"全球贸易晴雨表"之称。近年来，巴拿马已成为全球重要的物流、金融、航空、海运中心，是中国"一带一路"对接拉丁美洲的天然重要承接地。

1. 巴拿马市场优势

巴拿马市场辐射范围巨大，拥有拉丁美洲最大的自由贸易区，全球第二大自由贸易区——科隆自由贸易区。转口贸易辐射拉美33个国家及地区的5.88亿人口。

巴拿马市场开放度高，是拉丁美洲对外贸易最开放的国家之一。签署了约20多个《自由贸易协定》，触及全球60个国家，渗透13亿以上的消费者，人均购买力可达2.9万美元。除特殊商品外，巴拿马进口商无须申请进口许可证即可自由进口。

巴拿马货币及金融政策宽松。银行存款无须纳税，无外汇管制，汇兑风险低，是美国以外世界上第1个使用美元作为法定货币的国家。

巴拿马投资环境优良，拥有仅次于瑞士的世界第二大银行系统，投资评级稳定，穆迪评级Baa2。海外投资比例位居拉美第1位，总额接近60亿美元，近300家跨国企业将区域总部设立在巴拿马。

2. 巴拿马会展行业优势

（1）国际性强，得益于其交通便利，处于美洲的中心位置，人口多元化，拥有自由贸易协定数最多。

（2）专业度、行业度相比其他新兴市场较高，企业可以有针对性地参展。

（3）贸易量大，采购需求强，金融业发达，外资比例高，经济稳定发展，用美元交易。

（二）典型展会介绍

1. 巴拿马国际轮胎展

展会主办方为 Latin Auto Part Expo，展会一年一届。2018 年吸引了来自 22 个国家的 358 家参展商参展，展出面积 4500 平方米。其中有 76 家展商来自中国，展出面积为 630 平方米。从参展效果来看，中国制造的车灯、外饰件、刹车片和轴承都比较受欢迎。买家主要来自中美洲，加勒比海地区及南美洲，如墨西哥、巴西、阿根廷、智利、秘鲁、委内瑞拉、哥伦比亚、古巴、厄瓜多尔、哥斯达黎加以及美国等地。

2. 巴拿马国际汽配展

展会主办方为 Latin Auto Part Expo，展会一年一届。2017 年巴拿马国际汽配展共吸引了来自 18 个国家的 357 家展商参展，展出面积 4000 平方米。有来自 60 个国家的 3000 位专业观众参观了该展。2017 年展会观众 92% 是来自于决策层的 CEO、总裁和经理。

（三）资料来源

嘉诺会展

网址：www.jrexpo.com

二维码

温馨提示

建议参展企业了解拉丁美洲及巴拿马市场优势，如地理位置优势、整体经济环境、优惠的投资政策等；明确参展目的，熟悉展览内容。掌握展览服务商实力，如是否为总代、公司历史、公司营收能力、服务规范性、展会操作经验等。

嘉诺会展是一家持续专注于"以会展为企业营销与品牌赋能"的大型会展公司。针对不同企业所处的发展阶段，提供多样化的会展综合服务，从会展营销到品牌体验，再到构建文化影响力，致力于"让会展强大每一家企业"。

嘉诺会展长期为中国企业走向国际舞台提供一站式会展综合服务。和法兰克福展览公司、杜塞尔多夫展览集团公司、英富曼展览集团等国际展览公司在全球70多个国家展开合作，为中国企业提供最便利的市场切入机会，让企业开拓海外市场更为轻松有效。该公司以市场咨询为起点，涵盖展位申请、商旅出行、展品物流、展台设计、活动策划、品牌体验等服务。一站式菜单服务及全球化网络覆盖使得嘉诺会展成为企业"借展出海"的重要合作伙伴。

借助于互联网科技的发展势能，嘉诺会展正在用互联网技术提升自身的服务能力，逐步构建数字化服务平台，不断探索更便捷、更优质的客户服务，优化客户体验。目前，嘉诺会展是浙江省内首家获得"国家级高新技术企业"称号的会展公司。

嘉诺会展是巴拿马国际轮胎展、巴拿马国际汽配展的中国唯一总代理。

PCPO（巴拿马中国贸易促进中心）成立于2015年，是加强巴拿马与中国贸易往来、促进两国经济共同发展的商务促进机构和资源整合平台。该中心为想开拓巴拿马及拉丁美洲市场的中国企业提供商务考察、展会活动、公司注册、投资促进、政策咨询等境外配套服务；同时，配合中国地方政府对外招商工作的开展，从事针对巴拿马及拉丁美洲地区"请进来"的贸易促进工作。

第四节 金砖展览

一、巴西

(一) 市场概况

随着第二届"一带一路"国际合作高峰论坛的成功召开,已有 19 个拉丁美洲国家签署了"一带一路"备忘录或其他相关文件,但巴西却未列其中。当然,这并不意味着巴西对"一带一路"倡议无兴趣,更不能说巴西抵制这一倡议。2019 年 5 月,巴西副总统莫朗在启程访华前一天表示,巴西期待加入"一带一路"倡议。

目前,中国已连续 10 年保持着巴西第一大贸易伙伴和第一大出口目的地国的地位。据中国海关统计,2018 年中巴双边贸易额为 1111.8 亿美元。巴西是我国第八大贸易伙伴国,我国是巴西第一大贸易伙伴和出口对象国。

得益于丰厚的自然资源和充足的劳动力,巴西的国内生产总值位居南美洲第 1 位,世界第 8 位。根据巴西展会促进者协会(UBRAFE)的统计,目前巴西国内共有 2009 个展览,主要分布在该国的东南部(圣保罗、米纳斯吉拉斯、里约热内卢、圣埃斯皮里图),其详细分布情况为:北部 75 个,东北部 272 个,中西部 147 个,东南部 834 个,南部 681 个。这也和巴西各地间的经济发展水平基本相当,从各地区国民生产总值贡献率来看,北部占 5.3%,东北部占 13.6%,中西部占 9.8%,东南部占 55.2%,南部占 16.1%(2012 年数据)。展览业目前在巴西正处于高速发展阶段,其收入年增长率约为 14%。

在巴西,商业展览规模庞大、体系完整,为巴西各个领域、多种规模的企业提供科学全面的贸易活动的规划和指导,并建立起一个国际化的交流平台，将巴西企业同外国企业充分连接起来，加强多边商贸关系的发展。

据统计，目前巴西共有213个大型商业展览，涵盖了50多个主要的经贸领域（主要集中在农业、手工业、酒店、美容化妆品、建筑、广告、通信、电力、食品、环境卫生、礼品玩具、教育、健康、珠宝、皮革、纺织、金属加工、矿业、汽配、安防、橡胶、塑料、交通、物流、运动休闲、宠物、交通、能源、旅游、家具木工等），每年吸引超过3.5万家巴西和外国企业参加展览，以及超过350万观展商前往参观。为了举办这些商业展览，约有252万平方米的展馆和展览中心被使用。

根据国际展览联盟的统计，巴西展览规模位居世界第8位，仅次于美国、中国、德国、意大利、法国、西班牙和荷兰，室内展馆面积占世界总量的2%。在世界室内展馆面积增长速度排名中，巴西同样位列第8位。在世界展览业的市场排名中，巴西则位居第7位，仅次于美国、中国、德国、意大利、法国和日本，其自2008年以来的年增长率甚至达到了世界首位。21世纪的前10年是巴西本土展览组建和发展的黄金时期，目前行业已经高度成熟和规范化。因此，已经组建起来的展会今后会继续稳定向前发展，同时对新的领域的探索和开发也不会停止。行业协会、工会、企业联合会对展会的促进和组建功能将会越来越强。此外，在展会上举办关于行业发展的大型会议、座谈会也是一大趋势。

（二）典型展会介绍

1. 巴西圣保罗国际安防展（ISC Brazil）

巴西圣保罗国际安防展由世界著名展览公司——英国励展博览集团在圣保罗北方展览中心举办，一年一届，已经成功举办了13届，是巴西及拉丁美洲最重要的和最具影响力的安防专业展览会之一。每次开展，都吸引全世界超过150个一线知名品牌展商参展，目前已经成为南美安防业的"风向标"。

2. 巴西圣保罗食品展（FISPAL FOOD SERVICE）

巴西圣保罗食品展是南美洲规模最大的食品行业盛会，由著名的IN-

FORMA 展览公司主办，首届展会创立于 1984 年，到 2016 年已经成功举办了 32 届，2016 年该展会面积达到近 4 万平方米，共有来自超过 34 个国家约 1400 家展商参展，吸引了食品行业约 5 万名专业观众。

3. 巴西里约热内卢国际建材展（CONSTRUIR RIO）

展会是巴西里约热内卢最知名的建材综合展览会，由巴西著名的展会机构——FAGGA EVENTOS 展览公司主办，为世界各地展商及观众提供了交流最新技术的平台，是国际建材领域最新产品和技术的良好展示地，也是全球建材企业进军巴西和拉丁美洲市场的重要渠道。上届展会总面积达 2.1 万平方米，参展企业 350 家，参观人数达 6 万人。

（三）资料来源

拉码商务咨询（上海）有限公司

网址：www.lamabc.com

二维码

温馨提示

拉码商务咨询（上海）有限公司，主要业务是为中国企业到巴西以及整个拉丁美洲地区参展提供商旅地接、展会搭建、活动会议服务。

去巴西参展要注意的问题：

（1）确定好要参加的展览会。每年在巴西举办的展览会种类繁多，有些展览会名称相似，但是规模、知名度或者展览内容存在着区别，在确定参展之前一定要充分调研或者咨询相关专业展览公司，考察清楚。

(2) 了解自己需要购买的展位。在购买展位的时候一定要看清楚价格，是标摊、特装还是空地，同时在巴西购买展位除了展位的费用可能还要额外支付水电费、市政税等其他相关费用，这些内容也要确认准确。

(3) 展品选择。展品除了要有足够的代表性，还要提前弄清楚展会对展品种类是否有限制，因为巴西个别展览会明确规定了某些产品不可以参展。

(4) 展品设备认证。特别是电子设备、贵重的设备或者风险级别高的展品，需要提前办理临时进口手续。2019年5月，巴西医疗展开展的第3天下午，巴西国家卫生监督机构官员查封了十多家展位，主要就是因为展商进口设备的时候没有办理临时进口手续，或者产品数量远大于进口许可证。同时在展会上，千万不要对未经注册的产品和风险级别高的产品有销售行为。

(5) 治安问题。注意在展台保管好自己的随身物品，有些展商的手机放在展台上被偷，是很难找回的。在参展外的其他时间，建议展商不要单独行动，若遇到危险，主动交出手机和钱包，不要去和歹徒争执，人身安全最重要。

二、印度

（一）市场概况

作为世界上人口第二大国，印度市场潜力无与伦比。近年来，印度经济的快速增长更是被很多人看好。根据印度政府的统计，2019年印度GDP总量高达2.85万亿美元，已经超过了英国的2.83万亿美元和法国的2.74万亿美元，成为全球第五大经济体。如果按购买量来算的话，印度GDP总量超过10万亿美元，仅次于中国和美国，是全球第三大经济体。

印度的展览业是亚洲第三大贸易展览会市场，仅次于中国和日本。全国有22个展览场馆，室内展览面积46万平方米，户外展览面积72.9万平方米。印度每年举办700场以上的展览，吸引超过10万家参展企业和超过300万名观众，其中15万名来自海外。印度展览的行业划分与政府"印度制造"计划有高度相关性。

（1）包装行业。近几年，印度制造业和零售业发展迅猛，吸引了全球关注，相应地，为其提供配套服务的包装业也成为关注重点。对包装产品的需求主要来自食品加工业和制药业。其中，食品加工以45%的市场份额占据首位，制药业以25%位居其后，日用品、茶和咖啡、工业产品则各占10%。目前，印度包装业产值约230亿美元，年均增长率达20%。预计未来5年内，印度包装业产值有望增长到600亿美元。但印度人均包装消费额仅约15美元，而世界平均水平为100美元。由于近几年印度出口增长迅猛，为适应国际市场而对包装标准有了更高要求，这也成为另一个刺激包装产业，特别是包装机械增长的因素；目前印度对包装机械的进口额已超过1.5亿美元。塑料软包装在印度包装产业中占据首要位置。

（2）电力行业。印度电力部为执行政府的电动汽车任务，启动了国家电力移动计划（NEMP），重点是建设充电基础设施。印度总理莫迪的政府的目标是——到2030年，30%的车辆将通过电力运行。

（3）电动车行业。在印度政府的产业政策支持下，大多数部门取消了许可证。电动车行业的制造和进口免于许可和审批。给予电动车辆和零部件制造的外国直接投资在自动路径下100%限额。此外，允许制造商通过批发和零售方式，销售其在印度制造的产品。

（4）家禽行业。目前，印度国内家禽市场规模估计超过4.7万亿卢比，家禽部门估计每年以8%～10%的速度增长，肉类生产增长估计为627万吨，水产养殖产量居世界第2位，估计鱼产量为829万吨。

（二）典型展会介绍

1. 包装行业

印度包装印刷展（IPAMA）

印度包装展（indiapack）

印度国际食品包装饮料展（EXPRESS FOOD&HOSPITALITY）

2. 新能源电力行业

印度新能源展（Renewable Energy India Expo）

印度电力展（GRIDTECH）

印度第二大电力及能源展（EL Asia）

印度电力电工设备及技术展（ELECRAMA）

3. 电动车行业

印度新能源电动汽车展（FM EXPO）

印度国际新能源电动车及配件展（EVXP）

印度国际电动车及新能源汽车展（BV TECH EXPO INDIA）

（三）资料来源

印度光辉旅游集团

网址：www.guanghuilvyou.com

温馨提示

印度光辉是一家国际旅游集团公司，总部设在印度首都新德里，在中国、欧洲、澳洲设有办事处。该公司在南亚旅游方面有着完善的设施和丰富的经验。主营业务包括：政府间交流、商务旅游团队往来的签证申请、机票预订、酒店预订、商务考察、大型展览会服务、车辆预订、保险购买等全方位系列服务。会展部主要针对的是前往印度参加各类展会的客人，历年的印度展团是该公司的重点服务对象之一，可提供几乎各类展会的展位预订、展位搭建、地接等全程服务。

第五章　展览主办机构的参展建议

第一节　商展主办机构分布

全球知名展览主办机构（排名不分先后）

1. 法兰克福展览有限公司（Messe Frankfurt）
2. 德国汉诺威展览公司（Deutsche Messe）
3. 杜塞尔多夫展览集团公司（Messe Düsseldorf）
4. 德国科隆博览会有限公司（Koelnmesse）
5. 慕尼黑博览集团（Messe München）
6. 德国柏林展览公司（Messe Berlin）
7. 德国斯图加特展览公司（Messe Stuttgart）
8. 德国埃森展览公司（Messe Essen）
9. 纽伦堡国际博览集团（Messe Nürnberg）
10. 德国莱比锡展览公司（Messe Leipziger）
11. 美国克劳斯国际展览公司（EJK）
12. 美国消费电子产品协会（CEA）
13. 英国克拉里昂会展集团（Clarion Event）
14. 英国励展博览集团（Reed Exhibitions）
15. 英国英富曼展览集团（Informa）
16. 英国塔苏斯展览集团（Tarsus）
17. 英国国际贸易与展览有限公司（Hyve）

18. 英国奥伟展览公司（Allworld Exhibitions）

19. 瑞士 MCH 集团（MCH）

20. 意大利博洛尼亚展览集团（Bologna Fiere）

21. 意大利展览集团（IEG）

22. 法国高美艾博展览集团（Comexposium）

23. 法国智奥会展集团（GL Event）

24. 日本 CMP 集团（CMP Japan Group）

25. 新加坡展览有限公司（SES）

26. 中东国际展览集团（MIE）

27. 日本康格会展（congre）

28. 波兰波兹南国际展览公司（Poznan International Fair）

29. 波兰凯尔采展览会公司（Targi Kielce）

30. 俄罗斯 Restec 展览公司（RESTEC Exhibition Company）

第二节　国际知名主办方介绍

我们挑选了一些有代表性的，并在中国有分支机构的展览主办机构，它们往往具备更高的规模化、国际化和专业化水平。

一、德国汉诺威展览公司

网址：www.hmf-china.com

（一）简介

德国汉诺威展览公司历史悠久，成立于 1947 年。作为世界顶尖的贸易展览会组织者之一，德国汉诺威展览公司在德国和全球各地举办了许多丰富多彩的活动。2017 年公司总收入达到 3.57 亿欧元，是德国五大贸易展览组织机构之一。

该公司旗下拥有众多世界顶级展会，如工业制造领域的汉诺威工业博览会（HANNOVER MESSE）、物流领域的 CeMAT 系列展、教育培训领域的德国国际教育和培训展（didacta）、消防安全领域的汉诺威国际消防安全展（INTERSCHUTZ）和实验室技术领域的汉诺威国际实验室技术展（LABVOLUTION）等。

该公司还定期举办由第三方主办的国际知名展会，其中包括由德国农业协会（DLG）主办的德国汉诺威世界农业机械展（AGRITECHNICA）、由德国机床制造企业联合会（VDW）主办的汉诺威国际机床工具展（EMO Hannover）等。

德国汉诺威展览公司目前拥有1200多名员工，并已建立58个销售合作伙伴网络，业务遍及约100个国家。

德国汉诺威展览公司于 1999 年在上海成立在华子公司。2008 年 1 月，德国汉诺威展览公司和意大利米兰国际展览公司正式签署合作协议，成立合资公司汉诺威米兰展览（上海）有限公司，将其作为海外市场拓展战略的重要平台。汉诺威米兰展览（上海）有限公司每年在国内组织20多场展览会，亦邀请中国企业参加、参观由总公司在欧洲及世界各地举办的展览会。

（二）重点展会

1. DOMOTEX 地铺系列

汉诺威国际地面铺装展是全球领先的地面铺装展会，展品包括地板、地毯、纺织与弹性地铺材料及其应用设备和铺装工艺。展会吸引了来自60个国家的约1400家参展商参展。

DOMOTEX 系列除了在汉诺威，在北美、墨西哥、土耳其均有系列展。

2. 汉诺威工业博览会（HANNOVER MESSE）

汉诺威工业博览会是全球工业技术领域的顶尖展会，每年吸引超过

6000 家参展企业，20 万名观众。自 2020 年起汉诺威工业博览会将更多关注工业化转型。展会下设七大展览大类——创新技术及未来生产、自动化、动力传动、数字化生态系统、能源解决方案、物流主题（偶数年展会）、工业零配件、压缩空气及真空技术（单数年展会），将为工业、能源以及物流等重要领域的未来发展奠定基础。

作为世界最大的综合性工业博览会，汉诺威工业博览会荟萃了各个工业领域的技术，引领着世界工业的创新与发展，成为名副其实的"世界工业发展的晴雨表"。在 70 多年的发展历程中，汉诺威工业博览会显示了它顺应潮流的适应性，现在已经发展成为全球工业贸易的旗舰展和影响力最为广泛的国际性工业贸易展会。

二、德国科隆博览会有限公司

网址：www.koelnmesse.cn/

二维码

（一）简介

德国科隆博览会有限公司（简称科隆展览）拥有 95 年的悠久历史，是众多行业首选的贸易展会组织。每年，科隆展览在科隆和全球顶级市场组织和举办约 80 场贸易展览会。吸引了来自 126 个国家和地区的 5.5 万家参展公司，以及来自 224 个国家和地区的 320 万名观众。

科隆展会已然成为全球 25 个行业的主要贸易展会。所举办的贸易展会包括：

- 科隆世界食品博览会（Anuga）

- 科隆国际糖果及休闲食品展（ISM）
- 国际体育用品、露营设备及园林生活博览会（Spoga + Gafa）
- 科隆国际摩托车、滑板车及电动自行车展（INTERMOT）
- 科隆国际牙科展（IDS）
- 科隆国际家具展（imm cologne）
- 科隆国际办公家具及管理设施展（ORGATEC）
- 科隆国际游戏展（gamescom）
- 数码营销展（DMEXCO）
- 世界影像博览会（photokina）
- 科隆国际五金博览会（EISENWARENMESSE）

科隆展览（北京）有限公司成立于2002年，总部位于北京，在上海及广州均设有分公司。它一方面积极推动中国企业参加科隆展览在全球主办的展会；另一方面，它致力于在中国举办专业展会。

（二）重点展会

（1）食品和食品技术系列展，如 Anuga 和 ISM。

（2）家具、室内装修和设计展系列展，如 imm cologne 和 ORGATEC。

（3）旨在展示未来主题的"数字媒体、娱乐和移动设备展"，如 gamescom、photokina 和 DMEXCO。

三、慕尼黑博览集团

网址：www.mm-sh.com

二维码

（一）简介

慕尼黑博览集团成立于 1964 年，总部位于德国巴伐利亚州的首府慕尼黑，在组织国际性展览领域拥有雄厚的实力和卓越的经验。秉承着"会聚世界，展通商机"这一宗旨，集团为客户在慕尼黑乃至全球范围内提供商业成功的助力。

作为知名的全球性展览公司，慕尼黑博览集团拥有 50 余个品牌博览会，涉及行业包括资本产品、高新科技、建筑与房地产、消费品及生活方式四大领域。集团举办的国际展会均获得 FKM 资格认证，即展商数、观众数和展会面积均达到展会统计自主监管团体 FKM 的统一标准并通过其独立审核。

同时，慕尼黑博览集团也是慕尼黑展览中心、慕尼黑国际会议中心和慕尼黑会展与采购中心的拥有者和运营商，每年在这三大展馆举办逾 200 场展会，共吸引 5 万余家参展商及 300 余万名观众慕名前往。此外，慕尼黑北会议中心于 2019 年正式投入使用。集团目前拥有约 1100 名员工，在欧洲、亚洲、非洲和南美洲设有子公司及 70 余个海外代表处，服务覆盖超过 100 个国家和地区，旨在不断扩展海外市场发展。

为配合集团的业务战略发展，MMI Asia Pte Ltd（以下简称：MMI Asia）自 2020 年 1 月 1 日起作为慕尼黑博览集团、IMAG 和 GHM 三家德国展览公司的在华官方代表，负责三家公司旗下国际展会在中国的推广和管理工作。MMI Asia 将继续依托集团品牌展的优势，充分利用中国客户资源，与政府部门、行业协会、贸促机构、会展代理等合作伙伴紧密合作，为中国企业提供多样化和专业化的参展服务，帮助中国企业在国际舞台上赢得商机、塑造品牌。同时，慕尼黑展览（上海）有限公司出展业务部将作为 MMI Asia 在华联络及咨询单位，为中国企业提供及时高效的展会信息和售后支持。

（二）重点展会

1. 资本产品类展会

◆ bauma

慕尼黑国际建筑机械、建材机械、矿山机械、工程车辆及建筑设备博览会

◆ bauma CONEXPO AFRICA

南非国际建筑机械、建材机械、矿山机械及工程车辆博览会

◆ bauma CONEXPO INDIA

印度国际建筑机械、建材机械、矿山机械及工程车辆博览会

◆ bauma CTT RUSSIA

俄罗斯莫斯科国际建筑及工程机械博览会

◆ Iran ConMin

伊朗国际建筑机械及车辆、矿业、建材机械及天然石材贸易博览会

◆ M&T EXPO

巴西国际建筑机械及采矿贸易博览会

◆ Smart.Con

巴西智慧工程机械展

◆ ceramitec

慕尼黑陶瓷及粉末冶金机械、设备、加工及原材料博览会

◆ India Ceramics Asia

印度陶瓷及粉末冶金机械、设备、加工及原材料博览会

◆ IFAT

慕尼黑国际环博会

◆ IFAT Africa

南非国际环博会

◆ IFAT Eurasia

土耳其国际环博会

◆ IFAT India

印度国际环博会

◆ transport logistic

慕尼黑国际物流博览会

◆ IRAN LOGISTICS

伊朗国际物流供应链与物流装备博览会

◆ logitrans TURKEY

土耳其国际物流博览会

◆ transport logistic India

印度物流博览会

◆ air cargo EUROPE

欧洲航空货运博览会

◆ air cargo INDIA

印度航空货运博览会

◆ air cargo FORUM MIAMI

美国迈阿密航空货运博览会

◆ air cargo TURKEY

土耳其航空货运博览会

◆ air cargo AFRICA

非洲航空货运博览会

2. 高新科技类展会

◆ analytica

慕尼黑国际分析生化博览会暨研讨会

◆ analytica Anacon India

印度国际分析生化博览会

◆ analytica Lab Africa

南非国际分析生化博览会

◆ analytica Vietnam

越南国际分析生化博览会

◆ PHARMA PRO&PACK EXPO

印度医药与包装设备展

◆ automatica

慕尼黑国际机器人及自动化技术博览会

◆ electronica

慕尼黑国际电子元器件博览会

◆ electronica India

印度国际电子元器件博览会

◆ productronica

慕尼黑国际电子生产设备博览会

◆ productronica India

印度国际电子生产设备博览会

◆ LASER World of PHOTONICS

慕尼黑国际应用激光、光电技术博览会

◆ LASER World of PHOTONICS India

印度国际应用激光、光电技术博览会

◆ LOPEC

慕尼黑国际印刷电子博览会

◆ SMART CARDS EXPO

印度国际智能卡博览会

◆ drinktec

慕尼黑国际饮料及液体食品技术博览会

◆ drink technology India

印度国际饮料技术博览会

◆ food & drink technology Africa

南非国际食品饮料技术博览会

◆ iba

慕尼黑国际烘焙技术博览会

◆ INTERFORST

慕尼黑国际森林技术博览会

◆ oils + fats

慕尼黑国际油脂技术与贸易展

3. 消费品类展会

◆ INHORGENTA MUNICH
慕尼黑国际珠宝钟表展

◆ ISPO Munich
慕尼黑国际体育用品博览会

◆ OutDoor by ISPO
慕尼黑国际户外用品博览会

◆ opti
慕尼黑国际光学眼镜博览会

四、Hyve Group plc

网址：www.hyve-china.com.cn/

（一）简介

2019年，原ITE Group plc（简称ITE）启用新名称Hyve Group plc（简称Hyve）和新LOGO，这代表集团正式迈入Hyve时代，打开了又一大新纪元。该集团每年在全球举办130多场展会，跨越多个行业，包括时装、食品、建筑和旅游等。

该集团有17个办事处，在全球拥有1500多名员工，每年致力于在欧洲、亚洲、非洲和南美洲举办130多场精彩的展会。专注于商机无限，蓬勃发展"一带一路"的新兴市场。

2008年，ITE集团在中国成立独资子公司艾特怡国际会展服务（北京）有限公司。

（二）重点展会

1. 莫斯科国际建材展（MosBuild）

MosBuild是俄罗斯及东欧国家主要的建筑建材展览会，展会总面积超过 12 万平方米，每年吸引超过 2000 家展商和 7.7 万名专业观众到场参加，是国际建材企业进入俄罗斯市场的完美平台。

2. 英国伯明翰秋季消费品博览会

展会在伯明翰已经举办了 28 届，是英国最具影响力的工艺品和消费品类专业展览会，展会规模及影响力在全球消费品展览会中位居第 2 位。展品分区非常明确，几乎涵盖了全部礼品和日用品行业的商品。2019 年秋季消费品展出面积约为 7 万平方米，吸引了约 1000 名展商前来参展，3 万多名专业观众前来参观。其中 90% 的买家来自英国，64% 是零售商，36% 是其他贸易商。

3. 莫斯科国际食品展（World Food Moscow）

该展是俄罗斯食品行业最领先以及举办时间最长的展会。上届展会共有 1433 家展商，来自 65 个国家，其中国家展团 60 个；最大国家展团包括中国、意大利、埃及、伊朗、摩洛哥、韩国和南非等。

展会涵盖了食品行业的众多产品类别。为了方便展商的展示和观众的参观，展会总共分为 11 个专业领域：肉类及家禽、鱼和海鲜、水果和蔬菜，糖果和糕点，杂货，油，脂肪和调味料，速冻生产，储存，乳制品，茶和咖啡、饮料，健康及有机食品。

五、纽伦堡国际博览集团

网址：www.nm-china.com.cn

（一）简介

纽伦堡国际博览集团是全球 15 大展览公司之一。集团在纽伦堡及世界各地举办的展览与会议多达 120 个。每年吸引约 3.5 万家展商（其中 44% 的展商来自德国之外）及 150 万名专业观众参与纽伦堡国际博览集团举办的展览及会议，集团在中国、美国、巴西、意大利和印度设有分公司。集团拥有来自 117 个国家的 51 个展会代理机构。

在会展业全球化的发展趋势中,纽伦堡国际博览集团希望把德国的母展搬到中国来,通过自己的资源、文化与专业平台,举办更多倡导绿色生活方式、畅想技术与未来的人性化展会,为中国市场注入不一样的德国元素,通过完美的融合,帮助大家发现并升级适用于中国的经营模式。

作为纽伦堡国际博览集团在海外的第 1 个全资子公司,纽伦堡会展(上海)有限公司 2007 年正式成立。专注于专业化的细分领域,着眼于未来话题,关注消费品、加工制造、汽车、城市建设等主题,以广泛的关系网络,国际化的资源,为展商提供顾问式、专家式的服务,致力于打造"3+365 天"全年不落幕的智能型展览平台。

(二)重点展会

1. 生活消费品领域:德国国际有机食品展(BIOFACH)、德国国际户外用品展(IWA Outdoor Classics)、德国国际宠物用品展(Interzoo)

2. 加工及包装领域:欧洲涂料展(European Coatings Show)、德国国际啤酒、酿酒技术及饮料设备展(BrauBeviale)、欧洲压铸展(EUROGUSS)

3. 建筑领域:德国国际门窗幕墙展(FENSTERBAU FRONTALE)、德国国际制冷展(CHILLVENTA)、德国国际景观和园林设备展(GalaBau)

4. 信息技术及电子领域:德国国际嵌入式展(embedded World)

六、法兰克福展览有限公司

网址:www.messefrankfurt.com.cn

(一)简介

法兰克福展览有限公司是全欧洲历史最悠久及规模最大的展会主办公司之一。总部位于德国法兰克福市,迄今已在全球设有 30 家子公司及逾 50 个国际销售伙伴,业务覆盖全球大约 190 个国家及地区,在世界 50 多个不同地区举办展览会。根据发展策略,法兰克福展览有限公司正在多个领域逐步扩大专业覆盖面，例如建筑技术、安防及消防、环保技术、纺织品处理、清洁及洁净技术、食品技术、电子及自动化技术、生产技术及零部件、消费品、纺织品及纺织技术、交通运输及物流以及娱乐、媒体及创意产业。集团旗下的展会与商业交流平台正不断引领着各行业的发展。

2019年法兰克福展览有限公司共举办了155场展览会，其中105场在德国以外地区。根据展会及活动的周期，集团每年在法兰克福市举办约300场展览会、会议及其他各类活动，涵盖多个在行业内具有领先地位的国际旗舰展览会。

法兰克福展览（上海）有限公司在亚洲12个主要城市举办逾50个展览会，旨在为全球各地企业提供高质素的贸易平台，以方便他们拓展中国和亚洲市场。

（二）重点展会

1. 法兰克福国际汽车零配件及售后服务展（Automechanika）
2. 法兰克福国际灯光照明及建筑物技术与设备展（Light + Building）
3. 法兰克福国际肉类加工工业展（IFFA）
4. 法兰克福国际卫浴展（ISH）
5. 法兰克福国际乐器、灯光音响展（Musikmesse&Prolight + Sound）
6. 法兰克福国际春季消费品展（Ambiente）、法兰克福国际秋季消费品展（Tendence）

七、杜塞尔多夫展览集团公司

网址：www. mds. cn

（一）简介

杜塞尔多夫展览集团公司成立于1947年，旗下展会涉及领域包括：机械、机床及设备，贸易及服务，医疗及健康，时尚及生活，休闲等。该公司拥有 77 家国外代表处和 7 家子公司，国际服务网络覆盖 141 个国家和地区，是世界第一品牌的展览集团；在杜塞尔多夫市举办的 40 多个专业展览会中，有 23 个是业界第一大展览盛会。

杜塞尔多夫展览（上海）有限公司成立于 2009 年，是世界知名的展览主办方杜塞尔多夫展览集团公司在中国的子公司，拥有完善成熟的营销和服务网络，致力于将世界一流的专业展览带到中国，并为中国市场及客户提供个性化的优质服务。自成立以来，历经多年的创新发展，该公司在印刷、包装、线材线缆及管材、塑料、医疗器械、零售、安全生产及职业健康、葡萄酒与烈酒、房车等行业成功打造了 14 个中国乃至亚洲地区领先的展览品牌及会议。

（二）重点展会

1. 国际塑料及橡胶展（K）
2. 印刷媒体展览、世界印刷媒体、出版及纸品加工市场展（drupa）
3. 世界医疗论坛国际展览会（MEDICA）
4. 线缆线材及管材专业展（wire + Tube）
5. 德国杜塞尔多夫国际包装机械、包装及糖果机械展（interpack）

八、英国励展博览集团

网址：www.reedexport.cn

（一）简介

励展博览集团在世界各地拥有 3700 位员工，在 43 个国家和地区举办 500 多个展会项目，其展览及会议组合为跨美洲、欧洲、中东、亚太和非洲地区的 43 个行业部门提供服务。

目前，励展博览集团在大中华区范围内，在中国拥有 600 多名员工，服务于国内 13 个专业领域：电子制造与装配；机床、金属加工与工业材料；包装；生命科学与医药、保健、美容与化妆品，休闲运动；礼品与家居；汽车后市场；生活方式；博彩；出版；地产与旅游；环境与城市管理；能源、海洋、矿业、石油与天然气；广播、电视、音乐与娱乐。励展博览集团国际销售部（中国）总部设在北京，主要负责励展在全球 200 余个国际项目在中国的推广及服务。

（二）重点展会

1. 美国西部国际安防产品博览会（ISC West）

地点：美国拉斯维加斯

时间：2020 年 10 月 5—8 日

2. 巴黎国际建筑展（BATIMAT）

地点：法国巴黎

时间：2021 年 11 月 15—19 日

3. 意大利米兰国际暖通空调制冷卫浴及能源展（MCE）

地点：意大利米兰

时间：2020 年 9 月 8—11 日

4. 土耳其伊斯坦布尔医疗展（Expomed Eurasia）

地点：土耳其伊斯坦布尔

时间：2020 年 11 月 5—7 日

第三节　来自主办方的参展建议

我们邀请了几位国外知名主办公司中国子公司的掌门人，他们都是从事出展工作多年的资深人士，请他们就如何充分利用优势展览资源、提升参展效率等问题展开论述，希望对广大参展企业有所帮助。

第五章　展览主办机构的参展建议

嘉宾：

科隆展览（北京）有限公司总经理（出展）　米亚赛·吐尔逊

慕尼黑展览（上海）有限公司首席执行官　徐佳

纽伦堡会展中国董事总经理　郭奕千

Hyve Group 中国区外展业务副总经理　贾长乐

问题1：公司在"一带一路"或新兴市场的布局和潜力项目？

米亚赛·吐尔逊： 我公司的展会不仅仅是在德国科隆，新加坡、迪拜、意大利、哥伦比亚、巴西等国家和地区都有我们的足迹。因为市场不同，需求不同，不能说哪个行业就一定是有优势的，而是说根据不同的市场，不同的行业是有优势的。比如哥伦比亚，我们有食品和家居家具配件展，因为这两块都是跟哥伦比亚民生紧密相关的。对于经济发展程度和国民需求来说，这两个展会最符合当地需求。所以我们首先从这两个项目入手，一方面是因为市场的需求，另一方面是因为科隆展览本身的优势。在食品和家居家具配件行业，科隆展览本身就有很大的竞争优势。科隆展览布局新兴市场，一是看当地需要什么，二是看这个行业是否有优势，是否可以给当地带来好的概念、好的客户、好的供货商及好的模式。

徐佳： 慕尼黑博览集团拥有覆盖全球的强大资源网络，积极布局中国、印度、南非、土耳其、越南、巴西、俄罗斯等国家的市场。其中，印度是我们非常看重也收获颇丰的市场之一。2016年，印度国际电子元器件博览会（electronica India）共吸引了117家中国企业参展，这一数字到2019年升至311家，较上届增长了64.6%，这主要因为印度大力发展制造产业，对各类电子元器件有了需求上的激增。同样，2018年，印度国际分析生化博览会（analytica Anacon India）在海得拉巴之外又进驻西部城市孟买，在世界重要的制药国为中国企业找到了新的商机。印度国际饮料技术博览会（drink technology India）相继在孟买、新德里和班加罗尔举办，覆盖不同区域对乳品、饮料、啤酒、现调饮品的生产加工技术，满足世界第二大人口国对各类饮品的不同需求。而随着印度去现金化和现代化城市发展的进程，智能卡、电子支付和人脸识别等高新科技也在印度国际智能卡博览会（SMART CARDS EXPO）上大放异彩。

我相信，未来，慕尼黑博览集团凭借雄厚的实力和卓越的经验，将不断扩大其全球布局，将优质展会带到更多的地方"生根发芽"，以国际化的办展理念和专业化的办展团队助力分展"茁壮成长"。而慕尼黑展览（上海）有限公司出展业务部，依托集团品牌展的优势，会与政府部门、行业协会、贸促机构、会展代理等合作伙伴紧密合作，为中国企业提供多样化和专业化的参展服务，帮助它们在国际舞台上赢得商机、塑造品牌。

郭奕千：纽伦堡作为欧洲的地理中心，是"一带一路"在欧洲的第一站，也是"一带一路"峰会的举办地。纽伦堡国际博览集团在"一带一路"和新兴市场方面也有诸多布局，主要通过两种方式。一是纽伦堡国际博览集团通过子公司或者自办展去扩展当地市场，如印度、巴西、北美、希腊等；二是，针对没有子公司的地区，如在泰国、墨西哥等地，纽伦堡国际博览集团已与当地一些深具潜力的展会建立紧密合作并组织企业参展，如泰国有机食品展（BIOFACH SOUTH EAST ASIA）、墨西哥国际压铸展（EUROGUSS Mexico）。其中，深具潜力的项目包含：制冷和冷链行业的印度国际制冷展（ACREX India）和印度国际冷链展（REFCOLD），以及饮料工业的莫斯科国际酒类及饮料工业技术展（Beviale Moscow）和墨西哥酒类及饮料工业技术展（Beviale Mexico）。

贾长乐：在过去的30年里，ITE一直在"一带一路"等区域市场保持优势地位。2019年集团新名称、新品牌——Hyve的推出标志着我们不断发展的一个重大里程碑。新品牌象征着我们的抱负和意图：不断努力成为最好的，并为我们的客户提供更多。未来，我们要进一步提高展会的品质，着力打造不容错过的展会。我们在俄罗斯、土耳其、印度、乌克兰等"一带一路"地区有很多项目，我们的主要展览项目分布在新兴市场，但不限于新兴市场。此外，我们在南非、英国等地收购了一系列知名项目，如非洲矿业大会、英国教育装备展（BETT）、英国伯明翰春季和秋季消费品博览会等。拿英国来说，虽然地处欧洲，但是在德国、法国等大展上能够遇到英国本土采购商的数量非常有限。英国市场容量不容小窥，比如宠物市场，在英国超过半数以上家庭拥有宠物，2020年，英国宠物市场体量预计将达到70亿英镑，愈来愈庞大的宠物产品市场需求催生了伯明翰宠物用品展。对于参展企业来说，避开德国等展会的同行竞争，专门开发英国市场，潜力是巨大的。

问题2：近年来，中国企业海外参展的变化和趋势有哪些?

米亚赛·吐尔逊：近年来有两个比较明显的趋势。第一，在国际的展会上，中国开始有一些非常知名的品牌。中国知名品牌越来越多地在核心区的位置，在国际顶尖品牌集中的区域亮相。尤其是国内的一些典型代表公司，如华为、大华、海康、中石油、中石化等，是各个行业知名品牌的代表，原来只是在国内有名，但现在在国际上也很出名，而且它们得到了国际市场的认可。这些企业原来在国际上知名度还不高，很难拿到国际顶尖展会核心区域的位置。但现在国际主办方都非常愿意给它们核心区的位置，邀请它们来参展。第二，一个比较明显的变化是，现在的参展商自主性越来越强了，可能是因为"展二代"也成长起来了，英文水平也高了。原来可能你看到中国展台的人从头到尾就一直坐在那，而且往往公司老板不怎么参与现场沟通。但是现在有一个特别明显的变化是这些公司的老板在展台上非常活跃，而且用英语自主沟通的人越来越多了，原来在幕后的人现在都到台前来了。

徐佳：在我看来，近年来中国企业海外参展有两大变化。一是格局，二是眼界。在格局方面，早年间，中国企业出国参展，更多是去欧美国家"取经"。而随着中国企业在越来越多的领域取得突破性进展，它们从原先的"朝圣"学习，转变为展示交流，甚至在某些领域，中国参展企业已经独树一帜。比如，在2019年慕尼黑国际物流博览会（transport logistic）上，展示"一带一路"和"中欧班列"物流设备的中国参展商就成为全行业瞩目的焦点。此外，越来越多的中国企业，以亮眼的展台搭建和先进的展品技术吸睛亮相，赢得了海外同行及观众的一致认可，中国企业的国际知名度与日俱增。

bauma 2019 吸引了 359 家中国展商，其中不乏三一重工、中联重科、广西柳工、徐工等这样的大咖企业。在慕尼黑国际机器人及自动化技术博览会（automatica）上，来自中国的优秀品牌新松、哈工大同台亮相，吸引了很多欧美企业的关注。在慕尼黑国际光博会（LASER World of PHOTONICS）上，武汉锐科、华工集团、大族激光等国内企业不仅展示了全新的科技产品，还通过"遇见中国之光"活动向世界同行展示了中国激光企业的独特风采。"中国制造"正在逐步升级到"中国智造"，中国企业也在不断探索中转型升级。一大批优秀的民族企业走出国门，在国际化的舞台上展示独具特色的产品及服务，这让"中国红"成为一道不容忽视的靓丽风景线！

在眼界方面，中华民族是全世界最勤劳勇敢的民族之一。世界的各个角落，哪里有商机，哪里就能看到中国企业的身影。而世界展览行业正在进行着更加细分市场的变革，早期中国企业较活跃于德国、美国和金砖五国的展会，如今北欧、中东、中亚、意大利、法国、英国、澳洲、墨西哥等更多国家和区域市场的展会也获得了中国企业的关注。通过深度探求不同市场，中国企业的国际视野不断扩宽，把推广做到了极致。

郭奕千：近年来，中国企业海外参展的变化和趋势可以归纳为 3 个特点：其一，趋于参加专业化展会，相比较综合类的展会，专业度高的展会可以大大提升企业在展会中能精准定位到目标客户的机会；其二，目标市场由原来的欧美市场转向新兴市场，随着欧美市场的饱和及竞争日益增加，中国企业将目光投向各类新兴市场，比如东南亚、中东或拉美地区，寻求新的商机；其三，企业参展的自主性增加，随着出国参展的经验日益丰富，中国企业逐渐从抱团参展转为独立参展，更加自由和自主。

贾长乐：我感受到的中国企业海外参展的变化是由表及里的。有越来越多的企业开始重视出国参展的形象，在参展面积、展台搭建及参位人员整体风貌和工作态度上都有明显的变化。一些中国知名企业为海外参展所做的准备工作甚至比一些国际大牌企业都充分。从中小型企业看，一般它们申请9平方米面积的标摊。但即便如此，现在它们也对自己提出了更高的参展要求。比如，展商开始参加现场的活动、更主动地走出去融入现场、对展位形象有更高的投入等。

展商越来越重视展会的实际效果。作为主办方，我们也致力于提升展商的投资回报率方面打造展会，提供额外的增值服务。比如在俄罗斯，我们邀请大使为中国企业"站台"，请商务参赞介绍当地市场等。

问题3：中国企业在海外参展遇到的最大问题是什么？

米亚赛·吐尔逊： 我觉得要分两类来看。一类是知名的大型企业，它们所遇到的问题实际上可能是展位位置的问题。现在国际展会能够给中国展商匹配展位位置的速度可能跟不上中国这些知名品牌的发展速度。原来你在这个展会上可能没有位置，而核心位置的展商是持续参展的，如果他继续参展，那很难会有核心区的位置空出来给中国快速发展起来的知名企业。所以对于大型企业来说，这是一个最主要的问题。

另一类是中小企业，最核心的问题是参展效果的问题。参展效果就是展商到底能够通过参展接到多少订单，这是他们最主要关心的一个问题。我觉得其实还有一个主要的问题是现在国内的中小企业积极性、主动性不够强。一直是被动地等着主办方为它们做工作，然后坐在展台上等着参展效果。但实际上大型的展会和优秀的主办机构都会确保核心买家到现场，主办方的任务是把他们邀请过来，并不意味着你坐在那里，就会有订单。建议展商也要积极主动地去做一些工作，比如展前邀约、利用社交平台去广而告之你会参加展会的信息、利用展会配对平台等。如果展商什么都不做，参展效果肯定不会好。这确实是很多中小企业目前遇到的问题，但这个问题更多地可能是跟企业的主观能动性相关。

徐佳： 在我看来，中国企业目前在海外遇到的比较大的问题是：知识产权、当地的法律法规及出口资质。第1类问题需要参展企业自己积极避免，加强产品研发的投入，创造出具有自己特色的产品。而第2类问题，对法律法规及出口资质的了解，将能帮助中国企业顺利打开新的市场。近年来，有很多机构如贸促会、进出口商会、质检机构、认证机构、律师、咨询公司等，为企业提供了大量的咨询、培训和服务，为企业出国参展保驾护航。

贾长乐：我觉得展商遇到的最大的问题在于如何管理好参展预期和参展准备。很多展商预定了展位，但是他们并不清楚参展预期是什么。其实这是最应该先确定好的。预期可能是要达到一个市场推广目标，或建立新的联系，或邀请合作方维系感情。所有的参展准备一定是要围绕着参展预期进行的。如果我是一个很成熟的展商，我知道我的目标是什么，我可能就会有一个提前的计划，甚至在今年的展会现场就预定明年的展位，这样就会有足够的时间去做提前的宣传推广。参展的计划包括：新产品怎么准备，下一年该怎么去开发市场，今年的客户怎么跟进，有哪些当地的媒体、信息的平台或者主办的平台是可以利用的。只有做好参展计划，才能让参展事半功倍。

问题 4：出展业未来的趋势？

米亚赛·吐尔逊：出展业未来的趋势分 3 个方面。第 1 个类型是大型的、知名的、有核心技术和知识产权的企业将会在国际展会上越来越受到重视。企业的参展不会像原来一样只是参展，而是全面依托展会平台去做推广。企业参展会更多地参与一些活动，甚至参与一些展会的话题。企业会利用出展去引领这个行业的发展，并不仅仅是国内行业的发展，而是全球行业的发展。第 2 个类型是我国的中小企业更理性。这两年中美贸易摩擦和世界整体经济发展的放缓，都会让中小企业更谨慎地选择展会。效果好的展会，知名的展会，可能各项工作做得比较专业，服务到位，这些展会将呈现稳中有升、继续进步的过程。但是那些效果不好的，原来可能只是靠炒作，或者原来依托于补贴的这类展会，我觉得应该是会有所下降的。因为对于展商来说，即使免费让他们参展，时间投入也是个问题。第 3 个类型就是国内自办展应该会越来越多。前期是一个野蛮生长的过程，现在一些主办机构逐步开始意识到原来的问题，开始积极调整了。比如浙江远大展览公司并不是去做其他展览的展中展，而是依托比较有名的行业类国际展，跟当地或国际主办机构合作，在同期举办项目。这样会让展商真正参展有效果，而不是靠补贴把展商"忽悠"过去，最后什么效果都没有。自办展将会越来越多，但会向又精又专的方向发展。

郭奕千：从展会主办方的角度分析，出展业未来的发展趋势主要归纳为以下三个方面：

1）打造全球展览联盟，为企业参展提供更广泛的市场和更多选择；

2）帮助中国品牌企业提升参展形象，以更加国际化的形象展示产品及品牌；

3）成为海外市场顾问，除了提供展会平台和参展服务以外，出展主办方未来的趋势是成为中国企业的海外市场顾问，为中国企业的海外推广提供解决方案。

贾长乐：不仅是国际主办方在海外办展，中国主办方也开始走出去到国外办展。我觉得海外展览未来趋势是越来越重视展会的质量和效果。我们也将致力于创建以内容为驱动，不容错过的系列展会，为我们的客户提供卓越的体验和投资回报。

问题5：参展商如何提升参展效率？

徐佳：将专业的事情交给专业的机构去处理，就能提高企业参展效率。目前，很多大企业都有专业的市场部门负责海外参展，参展经验丰富，参展筹备工作有条不紊、十分专业。但是，仍然有很多中小型企业并没有专门的市场部门人员。可喜的是，中国出展行业经过几十年的发展，已经拥有完善的服务体系，囊括了从参展报名、人员行程、展品运输、展位搭建、公关活动、补贴申报等各个方面的服务。大部分的主办机构都会推荐专业可靠的服务机构，协助参展企业来筹备全程的海外展会。经验不足的参展企业只要多和主办单位咨询，将专业工作交给专业机构，一定能提高参展效率。而参展企业自己关注的重点且无法由服务机构替代的，是筹备好参展的展品和宣传品，及时配合主办方提供会刊等各项宣传资料，充分开展展前客户邀约工作，并在展会期间以饱满专业的精神迎接四面八方的来宾。参展企业如果能抓住重点进行筹备，一定能获得不小的收获。

郭奕千：1）明确参展目标：无论是宣传公司品牌，还是维护老客户关系，或者是了解新市场，寻求新的合作机会，当目标足够明确之后，企业有的放矢去参展会更加高效。

2）做足参展前的准备：

搜集行业相关的知名展会，挑选专业度高且产品定位精准的商展；

提前准备具有代表性有竞争力的产品去参展，携带实物参展的效果将远超仅携带海报或图片；

选择合适的外贸人员或者销售人员出国参展，建议公司决策层能亲自前往展会；

调查目标客户，提前做好观众邀约，可以通过邮件或者电话的形式与目标客户提前约定会见的时间，提高沟通效率。

3）充分利用现场的每分钟：建议在展会前几天，参展人员着力在展位或附近主动与来访观众沟通交流，抓住任何可能的机会展示产品及公司。在展会最后一天，通常观众数量会有所减少，建议利用好最后一天时间，对展馆、设施及观众人流等情况做调研，便于根据自身产品特点及现场调研，与主办方沟通下届参展展位方面的诉求。

4）展后及时跟进意向客户：针对现场收集到的来访客户名片及相关信息，应在展会期间或者展会结束后第一时间进行整理和分类，并安排尽早地联系跟进。针对意向客户，应在展会结束后第一时间进行联系，以最快的速度唤醒对方的记忆，提升合作的可能性。

5）选择官方参展渠道：为了提高参展的效率及保障企业的利益，建议展商选择主办方或者主办方授权的官方代理申请展位或寻求参展服务。同时，主办方及官方代理将会提供除展位以外更多的现场咨询及同期活动信息。这些有利于企业在展位之外，收获更多的行业趋势及市场动态。

6）连续参展的必要性：建议企业能保持两三年或以上的连续参展，

连续出现在展会现场会给持续来参观的观众留下印象，消除或者减弱观众的陌生感及不确定心理，提升合作的可能性。

贾长乐：展商在选择海外展览之前，其实是在选择一个市场区域。展商要先知道他想开发哪个市场，然后在这个市场区域内来选择展会。什么样的展会合适？首先，一定是要跟企业的主题是相关的；其次，要看这个展会的国际性，如展商和观众的数据。如果一个展会90%都是本土展商，那么就要打个问号，因为可能他们不会去进口。再进一步，还要去看展会的数据，如展品、观众构成等，这些信息直接决定了展会跟企业是不是对口。而其他的展商建议，我建议仅仅参考，因为由于参展准备不同，存在竞争等原因，每个企业的参展效果是不一样的，一定要亲身到现场才能有切身体会。

Hyve成立了"客户成功团队"，目的是由Hyve牵头，联合展会代理公司、地方商协会等展览相关方，打造实用的增值服务，改善中国企业的整体参展水平。这并不是一个高高在上的团队，而是一个实实在在为展商提供具体服务、解决实际问题的团队。比如，收集更多的市场信息反馈及解决方案及时传达给展商；针对不同企业的打包方案；有组织地把展商集中起来，打造"中国优质企业产品区域"。我们将提供更好的位置，更多的曝光和宣传等，最终的目的是使中国展商获得更好的参展效果。

第六章　核心行业、组展公司及展览分布

第一节　组展公司优势——不仅是提供展位这么简单

很多出国展的主办方都在国外，就算在国内成立了子公司，一般也不进行具体的企业招展工作，如何尽可能多地组织中国企业参展，以提高展会的品牌效应？一般展会主办方会委托代理商，也就是我们所说的组展公司来进行招展。

组展公司更熟悉展览会各项工作的运作，对于所从事的展览行业有深刻的了解，充分了解展会的历史、发展过程、适用产品范围等信息。每个参展商都会对自己参加的展览会的有关参展费用、程序、展览服务等方面提出各种各样的问题，这一切都需要由代理商进行详细的解答和解释。

组展公司深耕行业，具备专业的组展经验和组展服务经验。企业该如何选择组展的公司服务呢？任何一个展览会都会有一个展览主题，展会基本都是按照产品分类的，要先看企业具体处在哪个行业，再看行业内哪家组展公司做得比较好。通常食品行业的组展公司对机械行业就不一定熟悉和有优势。此外，组展公司在一些行业大展拥有较好的摊位位置。当然，企业要选择信誉良好、对行业熟悉、成立时间长、公司规模大、有成团经历的组展公司。

把专业的事交给专业的人去做，才是参展的捷径。组展公司的优势到底有哪些？组展公司资深人士的专业解答或许能给我们一些启发。

第六章 核心行业、组展公司及展览分布

1. 出口企业如何选择展览？

从事畜牧行业展的北京鸿世通国际会展有限公司总经理马士英表示：一般来说，知名度越大的展会吸引的参展商和买家就越多，成交的可能性也越大。如果参加的是一个新的展览会，则要看主办方是谁，在行业中的号召力如何。专业的主办方能够保证展会的质量。畜牧展览会可细分为许多小的专业展，比如家禽展、饲料展、奶业展等，参展商事先一定要了解清楚，才能达到参展的效果。观众是否专业，是代理商、批发商居多，还是个体农户居多，都是需要考量的要素。选择组展服务商一定要找专业负责的公司。因为，这些公司对整个行业的展会情况非常熟悉，并且对客户的产品也了解，才能给展商推荐适合的展会，使展商受益。不仅仅是售卖展位，而是能够提供一条龙服务，让客户感受到专业的服务和便利。

从事建材行业展的北京东方益达国际展览有限责任公司副总经理何婷表示：选择一个合适的展览等于成功了一半。展商通常要理清楚以下3个问题。首先，企业参展的目的是什么，产品的定位是什么，以及适销对路的市场区域在哪里。比如，生产铝型材的企业初次参展，想通过展会寻求潜在买家。其次，产品所属的行业是什么。整理出该行业全球专业展会的清单。比如，铝型材属于建筑材料这个大的行业范畴，全球建材行业的展会每年有50个左右，根据其产品定位，可以从非洲、南美洲和东南亚3个区域的展会试水。最后，如果在全球展览中有更细分的专业展，那么企业首选专业展。比如，门窗配件产品既可以参加建材展，也可以参加专业的门窗玻璃展。

从事物流行业展的广州搏毅展览有限公司总经理徐涵表示：第一，明确企业自身的定位。展商要科学合理地进行企业、产品和市场定位，只有这样，才能更有效与外国买家进行面对面的沟通与交流。在选择展会时企业要结合自身的定位和状况来筛选和评估。考虑从事的行业和专业，是工厂、贸易商还是工贸结合的企业，以及赢利模式等。目前的产品属于哪个档次？是中低档产品、劳动密集型产品、环境污染产品还是科技附加值高的产品？有无独特卖点，产品的质量、认证如何？OEM、ODM能力如何？第二，市场客户定位——确定企业的市场和客户标准。客户属于哪些类

型，是零售终端、批发商、进口商、代理商、OEM商还是厂商等。客户的地区及其特征，是来自欧美、日韩、南美、中东还是东南亚，以及相关市场客户的采购习惯。确定目标市场、产品档次，区分销售模式是代理出口、还是有分销渠道等。主要市场客户的特别要求，比如是否要求OEM能力、认证要求、研发、交货期等。

参展企业只有将这些定位明确了才能有的放矢，锁定关联的展会。同时还必须结合企业的状况和营销策略来确定展会。

2. 如何选择参展服务商？

从事医疗展的北京中咨时代国际展览有限公司总经理戴丽君表示：要选择在行业内有知名度并且口碑好的服务商，专业是最重要的。优质的服务商提供的信息是准确的、专业的、翔实的，会和展会主办方建立良好的战略合作伙伴关系，这样才能够给企业提供第一手最准确的信息和有效的帮助。优质服务商行业经验丰富，企业在境外参展会遇到各种各样的突发事件和困难，服务商都能及时有效地控制事件的发生，并且减少展商的损失。同时，可以为参展商提供更多的增值服务，提供参展国家的市场准入规则、注册认证流程、当地医疗机构的考察和交流，让企业达到更好的参展效果。把专业的事交给专业的人去做，才是参展的捷径。

3. 如何更好地为企业提供出展服务？

从事乐器、灯光音响展的北京东方鹿鸣国际展览有限公司总经理徐卫华表示：为企业提供出展服务是一个完整的、系统的工作，需要做到全面、专业的服务。

第一，出口企业在选择展会时（提供如何选择展会方面的服务），作为国际展会的组织者，应在充分了解出口企业所处的行业、所生产产品的前提下，结合展览公司对于市场的全面了解，向其提供适合企业发展的展览项目，准确提供展会相关信息（包括展会名称、举办地、参展展品范围、展会位置、展出国对展品的规定要求、产品的知识产权等）。

第二，除了准确提供具体展会的相关要求信息，更为重要的一点是，组展公司要向企业准确提供《出国参展手册》的解读，向企业清楚介绍某

第六章 核心行业、组展公司及展览分布

展会的具体会议/论坛时间的安排。帮助企业现场了解行业的发展趋势及一些新产品的发布展示，了解产品差异，学习新理念、新技术，应用到国内的生产中，达到不断创新的目的，从而更大范围、更具实力地开拓不同国际市场。尽量满足企业一次出展，得到最大收益。

第三，协助客户顺利参展阶段，提供展会组织、操作方面的服务。企业确定参展项目及选取恰当展位后，组展公司应为企业人员顺利出团提供专业签证指导帮助其顺利过签；应与专业的搭建公司共同商议，为企业提供专业化的、个性化的搭建方案，展台布置等；应与专业的运输公司和经验丰富的专业地接社共同完成企业的展品运输及国外的吃、住、行等方面的安全及享受体验；协助企业开展展前的宣传、邀请老客户到会、展期参展商洽谈等。

第四，展会结束后，组展公司应带领中国出口企业参观当地相关产品市场，充分了解当地市场需求，结合自身产品的情况，改进产品，增加产品竞争优势。

从事塑料及无纺布行业展的上海睦邻展览有限公司总经理王艺琳表示：第1步，做好市场调研，推荐对的市场给企业。比如非洲新兴市场工业基础薄弱，很多国家都没有工业制造能力，设备全部依赖进口。比如肯尼亚，在招展的时候我们就对设备企业大力推荐。第2步，对企业做好展前培训或者展前指导。很多企业参加展会很多年，但是依然不专业，它们并没有很好地抓住展前推广的先机，没有以专业的姿态出现在展会上，也没有在展后做好及时的跟进。比如很多展是企业主一个人去的，他不懂英语，临时请个翻译，搜集好名片拿回去找人跟进，这是与展会本质背道而驰的。展会提供的就是一个人与人交流的平台，优势在于感情的直面交流以及后期跟进和情感延续。也有一些外贸老总和外贸员穿着短裤和拖鞋参展，在现场玩手机、看电视，参展的态度和专业度都没有达到一个观众对展商的商业形象的基本要求。结果企业回来会说效果不好，可是同一场展会，同一种产品参展，效果也会千差万别。如何让更多的企业通过参展最大程度地得到参展回报，组展单位的前期培训指导应该实现对一个行业的

"教育"和引导功能。第 3 步，考虑参展企业的参展舒适度。参展也是一种商务体验，服务行业讲究感觉。一场展会在细节上为展商服务到位了，服务有品质，展会凸显出来的品牌价值才能得到彰显。

从事安防、暖通行业展的北京恒立伟业国际展览有限公司总经理任恩杰表示：作为国际展览会的组织者，应该准确地向每位客户推送最适合的展览项目，提供参展企业所需要的详细信息，包括展会信息、参展展品范围、有关展出国对展品的规定、知识产权情况等基本信息，同时也要积极做好外贸市场调研，提供准确的市场信息和行业发展状况，帮助企业确定具有竞争力的产品参展。确定参展摊位和产品以后，组展单位应该为企业参展取得实效提供有益的建议和指导，比如摊位的个性化装修，展台的布置，展前宣传，邀请老客户到会，展期展商参展推广，以及根据自身参展的主要目的做好必要的参展调研工作等。参加一个展览会最重要的工作是需要落实展会效果，展会结束后，参展企业需要认真跟踪客户，继续交流，增加感情和加深认识，争取日后的成交。组展单位可在展览期间组织企业对口洽谈会，展会结束后组织走访客户，参观产品市场，为企业日后参展工作的改进提供必要的帮助。

4. 对参展企业的建议

从事机械行业展的西麦克展览公司总经理杨明表示：个性化订制服务是会展业未来发展的新趋势，企业参展最重要的是符合自身的需求。

以客户为中心，以市场为导向，西麦克展览通过"大数据"整合、量化和分析，将各类服务和配套资源整合，从而建立起"一站式、专业化、人性化"的全方位定制服务，为客户提供多层面专业参展及相关一揽子服务，满足客户个性化、全方位的参展需求，保障客户持续提升参展水准。

举一个例子，自 2011 年至今，西麦克展览助力中国自有知识产权车企"走出去"，宣传中国汽车产品先进技术，扩大汽车行业自主品牌海外影响力、构建新格局，推进中国汽车业产能输出。西麦克展览提供设计搭建、全场活动运营及宣传推广等全方位的"一站式"服务，成为东风汽车公司的优质海外战略伙伴。

第二节 核心行业及展览推荐

一、畜牧

（一）行业概况

全球范围内人口增长、收入增加和城市化使畜牧业成为增长最快的农业部门之一。非洲和亚洲畜牧产业发展的潜力巨大。在非洲，农业方面资源丰富，但是机械化水平还非常低，家禽业以每年 5% 的速度增长。南亚和东南亚是全球动物蛋白增长的主要市场。

在全球范围内，未来 20 年内对动物蛋白的需求将增长 35%。家禽的增幅最大，约为 2%，而鸡蛋的增幅为 1.6%；海鲜为 1.2%；牛肉为 1.1%；猪肉为 1% [荷兰合作银行（Rabobank）分析师 Nan-Dirk Mulder《全球家禽和饲料展望》]。

南亚和东南亚将成为全球增长的主要市场，包括印度尼西亚、缅甸、菲律宾、越南和印度等。"一带一路"更是起到了促进作用，农业和畜牧业是沿线国家国际合作中的一个重点领域。沿线国家人口总数占全球的 40% 以上，已经具备了相当的畜产品消费规模。同时，区域人口增长红利、经济增长潜力还将成为进一步扩大区域内畜产品市场规模的动力。

印度年产 570 亿枚鸡蛋，人均占有 53 个鸡蛋，位居世界第 3 位。随着经济的快速发展，技术更新和政府支持极大地改变了家禽产业，而饲料用地仅占农地的 4%，因此印度饲料缺口巨大。到 2020 年，奶产量将从 2019 年的 1.28 亿吨增长到 1.6 亿吨；需 4.94 亿吨干饲料、8.25 亿吨青饲料及 0.54 亿吨浓缩饲料。

东南亚热带地区发展农牧养殖业的基础条件优越。近年来，东南亚地区各国的畜牧业生产有了不同程度的发展。在"一带一路"倡议下，投资规模逐年递增，市场潜力良好。

农牧业是菲律宾经济重要组成部分。由于农业基础薄弱，该国正在大力推进农业种植机械化。由于菲律宾消费市场庞大，加上政府的支持，将促进国内外投资，有利于扩大肉蛋奶产量。日益增长的高蛋白质需求将使畜牧业和乳制品行业受益。

越南农业、畜牧业占有重要地位。近年来，随着越南经济的不断发展，为满足城乡人民生活水平不断提高的要求，家畜（禽）业和乳业得到迅速发展。越南现有250多个饲养工厂，每年生产超过500万吨食品，仅能满足国内需求的一半。政府重视发展养殖业并鼓励外商投资养殖业和饲料加工生产业。随着饲料市场的不断发展，越南市场仍有巨大的发展空间。

据专家预测，未来10年，非洲家禽市场将以每年5%的速度增长，增幅最大的将是南非和尼日利亚。就全球范围来说，食品安全、动物福利、环境、消费者健康和本地供应是大趋势。

（二）重点展会

1. 缅甸国际农业及家禽畜牧展

时间：2020年12月18—21日

地点：缅甸仰光

主办方：AMB

周期：每年一届

2018年展商：200家

2018年观众：3107人

2. 越南国际家禽畜牧产业展

时间：2020年10月14—16日

地点：越南胡志明

主办方：UBM

周期：两年一届

2018年展会面积：8300平方米

2018 年展商：380 家

2018 年观众：1.6 万人

展会概况：2018 年，北京鸿世通国际会展有限公司成功组织了 60 家中国企业参展，并且和展会主办方共同成功策划、组织了中越行业对话会。对话会上，越南农业、乡村发展、畜牧生产部的官员为饲料和饲料添加剂、动物保健、兽药相关的供应商、厂商，讲解了越南监管要求，解答相关政策。会后展商表示获得的信息对公司业务大有裨益。

3. 中东畜牧博览会

时间：2020 年 9 月 27—29 日

地点：沙特阿拉伯利雅得

主办方：沙特环境、水和农业部

周期：两年一届

4. 菲律宾国际家禽畜牧与渔业展

时间：2020 年展会延期

地点：菲律宾马尼拉

主办方：UBM

周期：两年一届

2017 年面积：2.1 万平方米

2017 年展商：314 家，其中中国展商 60 家，菲律宾企业 93 家

2017 年观众：1.87 万人

5. 马来西亚家禽畜牧及肉类加工展

时间：2020 年 9 月 8—10 日

地点：马来西亚马六甲

主办方：UBM

周期：两年一届

2018 年展商：15 个国家和地区的 300 家

6. 斯里兰卡国际家禽畜牧展

时间：2020 年 7 月 22—24 日

地点：斯里兰卡科伦坡

主办方：AMB TARSUS EVENTS GROUP

周期：两年一届

2017 年展会面积：2600 平方米

2017 年展商：100 家，中国展商 15 家

2017 年观众：5403 人

7. 埃及国际家禽畜牧展

时间：2020 年 10 月 17—19 日

地点：埃及开罗

主办方：Crose

周期：一年一届

2019 年展会面积：1.9 万平方米

2019 年中国展商：41 家

8. 柬埔寨畜牧展

时间：2020 年 11 月 1—3 日（以官方公布为准）

地点：柬埔寨金边

主办方：AMB TARSUS EVENTS GROUP

周期：两年一届

（三）全球行业展一览

畜牧行业展见表 6-1。

表 6-1　畜牧行业展

序号	展会名称	地点	周期
1	美国家禽及饲料展 IPPE	亚特兰大	一年一届
2	俄罗斯国际畜牧展 Agro Farm	莫斯科	一年一届
3	印度饲料博览会 Feed Tech Expo	卢迪亚纳市	一年一届

第六章 核心行业、组展公司及展览分布

(续)

序号	展会名称	地点	周期
4	乌克兰国际畜牧和粮食加工综合展 Agro Animal Show & Grain Tech Expo	基辅	一年一届
5	尼日利亚农牧综合展 Nigeria AgroTech	拉各斯	一年一届
6	赞比亚农牧综合展 Agritech Zambia	齐桑巴	一年一届
7	马来西亚家禽畜牧及肉类加工展 Livestock Asia Expo & Forum	马六甲	两年一届
8	阿根廷国际家禽畜牧及猪业展 AVICOLA PORCINOS	布宜诺斯艾利斯	两年一届
9	澳大利亚家禽博览会 PIX AMC	昆士兰州	两年一届
10	菲律宾国际家禽畜牧及渔业展 Livestock Phillippines	马尼拉	两年一届
11	乌兹别克斯坦国际农业及畜牧展 Agrotech EXPO	塔什干	一年一届
12	斯里兰卡国际家禽畜牧展 LANKA LIVESROCK	科伦坡	两年一届
13	汉诺威南美（巴西）畜牧展 EuroTier SOUTH AMERICA ANIMAL FARMING	梅地亚内拉	一年一届
14	尼日利亚国际家禽畜牧展 Nigeria poultry and livestock	伊巴丹	一年一届
15	巴基斯坦国际家禽畜牧展 PAKISTAN INTERNATIONAL PPOULTRY Expo	拉合尔	一年一届
16	中东畜牧博览会 Middle East Poultry Expo	利雅得	两年一届
17	日本东京国际农业博览会 AGRI WEEK TOKYO	东京	一年一届

(续)

序号	展会名称	地点	周期
18	越南国际家禽畜牧产业展 VIESTOCK 2020 EXPO & FORUM	胡志明	两年一届
19	墨西哥国际畜牧展 FIGAP	瓜达拉哈拉	两年一届
20	印度国际家禽畜牧及饮料展 POULTRY INDIA	海德拉巴	一年一届

（四）资料来源

北京鸿世通国际会展有限公司

北京鸿世通

网址：www.annexhibition.com

二维码

北京鸿世通自 2008 年开始从事畜牧展组织工作，至今已有 13 年的丰富经验，是 UBM、INFORMA、AMB 等许多知名展会的中国区域独家代理。畜牧展会全球覆盖面比较广，并且重点项目大部分集中在亚洲地区，该公司对国内畜牧业相关企业的产品和外贸政策非常熟悉，加上多年组展经验，能够筛选出优质的畜牧展，帮助展商抓住富有潜力的海外市场。

二、电力

（一）行业概况

越南是亚洲增长最快的经济体之一，经济的持续增长导致越南电力需求激增。越南政府发布最新能源战略发展规划指出，到2030年，越南电力装机总规模将达125—130GW，较目前的54GW翻番。

印度目前的煤电机组的利用率在52%~55%之间，远低于设计时的经济合理水平。尽管印度仍有约36GW的燃煤发电机组在建，但这将在未来10年内投运，新增发电量可能会下降到每年5GW以下。可以肯定的是，到2030年，煤炭发电量仍将占印度发电量的一半左右。

风能将成为非洲和中东地区具有价格竞争力的可持续发展能源。全球风能理事会（GWEC）数据显示，非洲及中东地区2019年新增风电装机894MW。预计该区域未来的新增装机会快速增长，在2020—2024年间，新增风电装机量将达到10.7GW，这相当于该区域目前装机总量的1.7倍。增量主要来自南非（3.3GW）、埃及（1.8GW）、摩洛哥（1.2GW）和沙特阿拉伯（1.2GW）。目前，南非是非洲地区最大的风电市场，占该区域风电累计装机的近1/3。

2019年拉丁美洲可再生能源投资达到181亿美元，创历史新高，同比增长54%。增长主要来自未来几年对可再生能源电力的投入加大和相应的扶持政策吸引了投资商。风电是拉丁美洲最受欢迎的可再生能源发电技术，2019年累计吸收投资89亿美元，同比增长87%，太阳能发电紧随其后，累计吸收投资81亿美元，同比增长31%。巴西、墨西哥、智利、阿根廷是该地区四大可再生能源市场，其投资占该区域可再生能源投资规模总额的98%。

（二）重点展会

1. 亚洲电力展（Power-Gen Asia & Asian Utility Week）

时间：2021年9月

地点：马来西亚吉隆坡MITEC

主办方：Clarion Energy

展会概况：2018年亚洲电力展成功在印尼雅加达举办，展出面积将近1.8万平方米，300家国际参展商，1万位专业买家，80余场专业会议，

200位演讲嘉宾，中国展出面积约1000平方米。国际知名展商有ABB、西门子、Doosan、BW、GE、劳斯莱斯等。重要嘉宾有印尼能源与矿山资源部部长、印尼电力协会秘书长、印尼工业部部长、印尼财政部部长、印尼经济事务统筹部部长等。中国参展面积约800平方米，有81家企业参展。

2. 迪拜电力照明及太阳能展（MEE）

时间：2021年3月22—24日

地点：阿联酋迪拜国际展览中心

主办方：Infoman Markets

展会周期：一年一届

展会概况：2019年展会上有将近300家中国企业参展，展出面积达到9000平方米，空前的规模使得中国展团成为第一大国家展团。其中80%以上参展企业为电力企业，展品涵盖整个电力行业，包括发电机、输变电设备、电线电缆、断路器、电表箱、仪表等。国内知名企业纷纷参展，如正泰集团、西电集团、潍柴集团、开普动力、亚南集团、泰豪集团、中天科技等。

同时，展会的照明专区是该地区最大的工业、住宅及商用照明展示平台。中国展团中有近50家照明企业在照明专区展示了产品和服务，并收到了很好的展会效果，如爱科、爱使、丹阳金盛、浙江宏源、常州金凯等企业。

同期举办的中东国际太阳能光伏展（Solar Middle East）在阿联酋太阳能产业协会大力支持下，为全球太阳能光伏企业开发中东市场构建了完美的贸易平台。2019年，中国太阳能展区已经超过1000平方米，成为Solar MEE展会中最大的展团。中国组团参展约3000平方米，企业约300多家。

3. 欧洲电力、输配电及公共事业展（Power-Gen Europe & European Utility Week）

时间：2020年10月27—29日

地点：米兰

主办方：Clarion Energy

展会概况：该展是欧洲地区领先的发电、太阳能和输配电行业的最专业及最大盛会。2019 年是该展会的第 27 届，邀请欧洲主要国家电力及能源重要部门及电力公司的主要负责人出席。有 1.4 万名位专业人士、重要行业买家及最有影响力的参观者。中国企业参展面积 1100 平方米，约 70 多家企业。

（三）全球行业展一览

电力行业展见表 6-2。

表 6-2　电力行业展

序号	展会名称	地点	周期
1	乌克兰电力及太阳展 elcomUkraine	基辅	一年一届
2	俄罗斯国际电力照明建筑展 Elektro	莫斯科	一年一届
3	美国国际水电展 Hydro Vision International	明尼阿波利斯	一年一届
4	肯尼亚国际电力能源展 Future Energy East Africa	内罗比	一年一届
5	越南国际电力照明及新能源展 Electric & Power Renewable Vietnam	胡志明	两年一届
6	尼日利亚国际电力照明及新能源展 Power Nigeria	拉各斯	一年一届
7	亚洲电力展 Power-Gen Asia & Asian Utility Week	雅加达	一年一届
8	墨西哥电力及电工照明及技术展 Expo Electrica International	墨西哥城	一年一届
9	沙特国际电力照明及新能源展 MEE Saudi	利雅得	一年一届

（续）

序号	展会名称	地点	周期
10	美国输配电设备及技术展 IEEE	芝加哥	两年一届
11	土耳其国际电力能源展 ICCI Powered by Power-Gen	伊斯坦布尔	一年一届
12	孟加拉电力及能源展 Power Bangladesh	达卡	一年一届
13	缅甸电力新能源展 Electric Myanmar	仰光	一年一届
14	欧洲国际发电、输配电及公共事业展 Power-Gen Europe & European Utility Week	米兰	一年一届
15	埃及国际电力照明及新能源展 Electricx Egypt	开罗	一年一届
16	尼日利亚国际电力能源展 Future Energy Nigeria	拉各斯	一年一届
17	英国国际照明展 LUXLIVE/Light space	伦敦	一年一届
18	北非阿尔及利亚电力电工展 Electricity Expo Narth Africa	阿尔及尔	一年一届
19	南非国际发电、输配电及公共事业展 Power-Gen African	开普敦	一年一届
20	俄罗斯电网及输配电展 Electrical networks of Russia	莫斯科	一年一届
21	美国国际电力展 Power-Gen International	奥兰多	一年一届
22	印度国际发电输配电及公共事业展 POWER-Gen & Distribu TECH INDIA	新德里	一年一届

(续)

序号	展会名称	地点	周期
23	美国国际电网输配电及表计展 DistribuTech International	圣地亚哥	一年一届
24	澳大利亚国际发电输配电及公共事业展 Power & Utilities Australia	墨尔本	一年一届
25	迪拜电力照明及太阳能展 MEE	迪拜	一年一届
26	德国汉诺威工业博览会 Hannover Messe	汉诺威	一年一届
27	亚洲国际发电、输配电、太阳能展 Power-Gen Asia + DistribuTECH Asia + Asian Utility Week + Solar Vision	泰国曼谷	一年一届
28	印尼电力及可再生能源展 Electric & Power Indonesia	雅加达	两年一届

（四）资料来源

中展世贸（北京）国际会展有限公司

网址：www.world-fairs.org

二维码

中展世贸成立之初为美国 Pennwell 集团中国办事处，以电力能源行业展会为基础开展全球电力、太阳能及照明等行业全球展览组织工作，每年组织

约40多场展览。国外优势展览项目包括，全球Power-Gen（美国、亚洲、欧洲、澳大利亚等）系列展览，全球Utility Week（美国、亚洲、欧洲、澳大利亚等）系列展览，迪拜电力照明及太阳能展，印尼、越南等地电力展。

三、乐器、灯光音响

（一）行业概况

乐器行业全球市场份额巨大，人均乐器设备拥有量很高，消费者更新换代的速度也较快。目前实体店仍占据70%的市场份额，但增速逐年下降，电商平台销售额稳步上升。2018年，全国乐器行业完成累计出口额16.30亿美元，同比增长8.15%。其中：对北美洲出口占比第1，累计出口额为5.29亿美元（占32.47%），同比增长4.31%；在主要经济贸易组织中，对金砖国家出口额大幅提升，累计出口额为1.07亿美元（占6.57%），同比增长12.79%，"一带一路"市场完成累计出口额为2.97亿美元（占18.22%），同比增长10.69%。从出口市场来看，2018年美国占比仍居首位，完成累计出口额4.94亿美元（占30.33%），同比增长3.85%；印度尼西亚、德国增量迅速，分别增长26.81%和19.51%。

未来几年，应用领域对专业灯光音响产品需求将持续增加，我国专业灯光音响行业还将保持稳定的增长，并呈现出细分领域专业化、产品国产化和市场向优势品牌集中的发展趋势。

针对灯光音响、乐器等行业的出口企业，可以选择行业内全球知名展览会（如美国LDI、美国NAMM等）来作为企业在本行业中不断学习新产品、新技术的平台，从而达到促进企业成长和发展的作用，行业大展对于出口企业开拓国际市场也很重要。

深入了解行业，参加重点地区的二类展会（产品更细分、更精专），也是不错的选择方向。一方面，出展费用相对国际一流热门展会会稍低一些，可以节约一部分企业成本；另一方面，二类展会与热门展会的采购商层次也不同，多参加二类展会，可以拓展自己的采购商范围。

中国的乐器行业有其独有的特点，现如今世界对于中国文化的接受热情越来越高，中国的相关乐器企业可以转换一下参展的方式，不单纯只是拿展位来展示产品，可以通过现场演出的形式，向全世界弘扬中国文化，同时，突显企业的产品。

（二）重点展会

1. 美国拉斯维加斯国际舞台灯光及音响展

英文名称：LDI SHOW

时间：每年10月或11月

地点：美国拉斯维加斯会议中心北馆

主办方：Informa

展会概况：由Informa主办的LDI SHOW在美国西部城市拉斯维加斯举办，是全球最领先的灯光音响技术展会之一。经过30年的成长，LDI SHOW已成长为北美最大的以现场娱乐技术为主体的贸易展览会。展会前后，主办方还会安排形式多样的专题讨论会、研讨会、教育专题、新品展示会等，让前来的参观企业与参展企业获得了更多的信息。旨在为来自世界各地的现场设计专业人士举办先进会议与展会，LDI拥有超过1.4万名在各种各样的国际级现场和广播场所，涵盖节庆活动、企业活动、剧院、音乐会、俱乐部、主题公园、建筑和礼拜堂等工作的会员。截至2019年，北京东方鹿鸣国际展览有限公司已连续12次组织中国企业参加该展。作为该展在中国地区的独家代理机构，该公司组织中国企业参展面积均达1098平方米，并且每年仍在不断增长。

2. 墨西哥国际乐器、灯光音响展

英文名称：Sound Check Expo

时间：每年春季（3月或4月）

地点：墨西哥World Trade Center

主办方：由著名的Sound Check Expo主办方及南美著名媒体Latin-pressinc共同主办

展会概况：该展每年在墨西哥的墨西哥城定期举行，是墨西哥乃至南美洲高水平的 HIFI 级视听产品以及电子产品博览会。此展会还得到了 CEDIA 协会的支持，是行业内拉丁美洲地区最成功及最具影响力的国际性展览会之一，也是参展企业打开墨西哥市场非常重要的一个平台。

3. 德国法兰克福乐器、灯光音响展

英文名称：Musikmesse & Prolight + Sound

时间：每年 3 月底或 4 月初

地点：德国法兰克福展览中心

主办方：德国法兰克福展览公司

展会概况：每年 Prolight + Sound（灯光音响展）和 Musikmesse（乐器展）同期举办，吸引来自 150 多个国家、近 8.5 万名专业观众和爱好者前往这一盛会，了解该行业最新技术及产品。在灯光音响展区域，许多展位人头攒动，再次证明 Prolight + Sound 是该领域举足轻重的展会。其中，2/3 的参展商和超过一半的专业观众来自德国以外。在乐器展区域，同期举办了多场音乐会、音乐颁奖典礼。此外，为了更专业地服务参展商，展会最后一天，音乐爱好者较多，主办方特意增加了 Musikmesse Plaza，提供 B2C 的贸易平台。北京东方鹿鸣国际展览有限公司作为该展会的中国一级代理，已连续 16 年组织企业前往这一行业盛会，且每次组展规模 50～100 人不等。

4. 美国阿纳海姆国际乐器、灯光音响展

英文名称：WINTER NAMM SHOW

时间：每年 1 月中旬

地点：美国加利福尼亚州阿纳海姆

主办方：国际音乐产品协会（NAMM）

展会概况：NAMM 展涵盖了音乐制品行业的各种乐器和灯光音响制品，是行业中最有价值和吸引力的展会之一。NAMM 的品牌展商密度高，每年来参展的企业包括雅马哈、乐兰、芬达、珠江、星海、舒密尔、布

菲、AXL、铃木等世界绝大多数知名乐器公司。

(三) 全球行业展一览

乐器、灯光音响行业展见表6-3。

表6-3　乐器、灯光音响行业展

序号	展会名称	地点	周期
1	韩国首尔国际广播音响灯光设备展 KOBA	首尔	一年一届
2	印度新德里DJ展 Indian DJ Expo	新德里	一年一届
3	美国纳什维尔国际乐器及舞台音响展 SUMMER NAMM SHOW	纳什维尔	一年一届
4	印度新德里灯光音响技术展 Sound & Light ASIA	新德里	一年一届
5	墨西哥国际乐器、灯光音响展 Sound Check Expo	墨西哥城	一年一届
6	英国伦敦国际专业灯光及音响技术展 PLASA	伦敦	一年一届
7	俄罗斯国际乐器灯光音响技术展 PROLIGHT + SOUND NAMM RUSSIA	莫斯科	一年一届
8	印度新德里国际媒体广告标识展 Media Expo New Delhi	新德里	一年一届
9	巴西圣保罗国际乐器、舞台灯光音响展 MUSICSHOW	圣保罗	一年一届
10	意大利克雷莫纳国际乐器展 CREMONA MUSICA	克雷莫纳	一年一届
11	日本东京乐器博览会 Musical Instruments Fair Japan	东京	两年一届
12	美国拉斯维加斯国际舞台灯光及音响展 LDI SHOW	拉斯维加斯	一年一届
13	美国国际消费类电子展 CES	拉斯维加斯	一年一届
14	中东迪拜国际专业舞台灯光及音响展 Prolight + sound	迪拜	一年一届

（续）

序号	展会名称	地点	周期
15	美国阿纳海姆国际乐器、灯光音响展 WINTER NAMM SHOW	阿纳海姆	一年一届
16	西班牙视听显示设备与技术展 ISE	巴塞罗那	一年一届
17	日本东京演艺设备与服务展 Live Entertainment & Event Expo	千叶	一年一届
18	德国法兰克福乐器、灯光音响展 Musikmesse & Prolight + Sound	法兰克福	一年一届
19	土耳其伊斯坦布尔国际乐器、灯光音响展 Music Expo Turkey	伊斯坦布尔	一年一届
20	德国柏林舞台机械展 Stage | Set | Scenery	柏林	两年一届
21	美国国际视听技术及系统集成展 INFOCOMM USA	奥兰多	一年一届
22	南非国际乐器、舞台灯光及音响技术展 MEDIATECH	约翰内斯堡	两年一届
23	印尼专业灯光音响、乐器广播电视展 PRO AVL Music & Media tech	雅加达	一年一届

（四）资料来源

北京东方鹿鸣国际展览有限公司

网址：www.eieco.com

二维码

北京东方鹿鸣国际展览有限公司近20年来一直专注于海外展（博）览会的招商、组织和服务工作。在灯光音响、显示屏、各类舞台设备及乐器领域，东方鹿鸣更是开拓者、引领者，在此类行业中，从2004年起组织第一批中国灯光企业参加法兰克福灯光展，2008—2009年又组织大量中国LED屏生产企业进军美国市场（参加美国LDI），为中国企业出口铺设通往全球市场的通道。

该公司是灯光行业的专业性最强展——美国LDI的中国总代理；灯光音响、乐器行业全面展——美国NAMM的中国官方一级代理；灯光音响、乐器行业综合展——德国法兰克福展的中国官方一级代理；国际乐器、灯光音响行业权威展——墨西哥国际乐器、灯光音响展的中国独家代理。

2001年至今，该公司每年组团参加的各类展会近150个，累计出展次数1000余次，展出面积超过10万平方米，组织了上万家企业走出国门，开拓海外市场。

建议参展企业结合自身产品的定位选择恰当的国际地区展览会。比如欧美地区对产品各方面要求比较高，适合生产高端产品的企业参展；"一带一路"地区有鼓励政策，可以得到政府的支持，参展会有相应的补贴。

四、工业

（一）行业概况

制造业直接体现了一个国家的生产力水平。加入世界贸易组织（WTO）后，中国制造业积极融入经济全球化进程，依靠"人口红利"和比较优势，迅速发展。2010年以后，中国成为世界第一大制造国，成为真正的"世界工厂",世界230多个国家和地区都能见到"中国制造"的身影。在联合国工业大类目录中,中国是唯一拥有所有工业门类制造能力的国家。现在我国500种主要工业品中有220多种产量位居全球第一,几乎是世界第2位美国和第3位日本制造业增加值的总和。

随着中国制造业深度融入全球制造业价值链,世界制造的版图发生了比较大的变化。高收入国家仍占据世界制造业增加值大约60%的比例,但是近些年比重在不断下降,中国占全球制造业增加值的比重从忽略不计上升到占据全球1/4,出口额占世界比重不断上升。

当前,已经步入工业化后期的中国对经济全球化的贡献将不仅仅主要停留在基于中低价值链环节的全球分工格局下的低成本产品出口,而是将会表现为资本、技术和劳动力等产能的国际合作。同时,中国已经形成了完备的产业体系和庞大的制造基础,具有了抓住这次科技和产业革命历史性机遇的产业基础条件。中国制造业的企业正积极进行工业技术创新,并依靠政府政策支持,参加一些适销对路的展会,尤其在各类国际知名工业类展会中的地位和份额都不断提升,通过展会平台参与到全球工业化进程中。智能制造近年发展迅速,是全球制造业变革的重要方向。目前,包括美国、德国等在内的国家均出台了振兴制造业和发展智能制造的战略和规划。参展,尤其是欧美大型工业展,也是企业放眼全球,了解行业趋势的必然选择。

(二)重点展会

1. 汉诺威工业博览会

展会概况:该展是全球最大、最具影响力和代表性的工业类展会,是世界顶级的专业性贸易展。展会每年一届,创办于1947年,迄今已有72年的历史。汉诺威工业博览会荟萃了各个工业领域的技术,引领着世界工业的创新与发展,是"世界工业发展的晴雨表"。德国总理默克尔对此展高度重视,每年与合作伙伴国国家首脑一起出席开幕式,大大提高了展会的政治参与度。2019年展会吸引了来自75个国家的6500家参展商,展览面积22万平方米,其中中国企业参展面积2.2万平方米,参展商 1400 家，再次创下国际展商最高纪录。在展会的 21.5 万名参展观众中，40% 来自境外。

2. 泰国国际机械制造展

展会概况：该展每年一届在泰国曼谷举办，至今已成功举办了 27 届，是泰国影响力最大的工业制造类展会，其展出规模在东南亚地区也是首屈一指。该展涵盖了塑料机械、模具制造、汽车制造、装配与自动化、表面处理与喷涂、工业电子六大专题。展会专业性强，技术水准具有代表性，反映了亚洲机械制造和机械设备发展的水平。2019 年，该展有来自 109 个国家的 9.6 万客商到会参观洽谈，来自 13 个国家的 270 个商业代表团观展；有来自 25 个国家和地区的 2200 家参展商参展，展出面积 5.6 万平方米。其中中国展团展出面积 3000 多平方米，参展企业达 280 余家。国际知名企业 KAWASAKI、NACHI、HITACHI、MITSUBISHI、KUKA、SCHNEI-DER、ABB、HIWIN、OMRON、IAI、EPSON、PNEUMAX、BECKHOFF 等均参加了该展会。

此外，近年"一带一路"地区工业类展会也吸引了众多的中国企业参与，包括：越南（河内）国际工业展、土耳其国际工业展、印度尼西亚国际机械制造展、伊朗国际工业博览会、印度国际工业自动化展、巴基斯坦国际工业展、俄罗斯（叶卡捷琳堡）国际工业展。

（三）全球行业展一览

工业行业展见表 6-4。

表 6-4 工业行业展

序号	展会名称	地点	周期
1	日本机器人智能工厂展 SFE	东京	一年一届
2	日本东京机械要素展 M-TECH	千叶	一年一届
3	土耳其集成自动化及动力传动展 WIN Eurasia	伊斯坦布尔	一年一届

（续）

序号	展会名称	地点	周期
4	俄罗斯圣彼得堡国际工业展 St. Petersburg Technical Fair	圣彼得堡	一年一届
5	波兰国际工业展 Kielce Industry Week	凯尔采	一年一届
6	法国国际工业配件展 Midest	巴黎	一年一届
7	汉诺威工业博览会 HANNOVER MESSE	汉诺威	一年一届
8	英国国际流体动力传动与控制展 Drives&Controls	伯明翰	两年一届
9	巴西国际机械及工业设备贸易博览会 FEIMEC	圣保罗	两年一届
10	德国柏林线圈、绝缘材料及电器制造展 CWIEME Berlin	柏林	一年一届
11	德国慕尼黑国际机器人及自动化技术贸易博览会 AUTOMATICA	慕尼黑	两年一届
12	韩国国际金属制造周 Korea Metal Week	首尔	两年一届
13	泰国国际机械制造展 Manufacturing Expo	曼谷	一年一届
14	俄罗斯（叶卡捷琳堡）国际工业展 INNOPROM	叶卡捷琳堡	一年一届
15	越南国际机械制造展 MTA Vietnam	胡志明	一年一届
16	印度国际工业自动化展 AUTOMATION EXPO	孟买	一年一届

（续）

序号	展会名称	地点	周期
17	北美国际过程及工业自动化展 Industrial Automation NORTH AMERICA 北美国际动力传动及控制展 MDA MDA NORTH AMERICA 北美国际工业零配件及分承包展 Industrial Supply NORTH AMERICA 北美国际空压及真空技术展 ComVac NORTH AMERICA	芝加哥	两年一届
18	波兰国际铸造展 Metal	凯尔采	两年一届
19	捷克国际机械博览会 MSV	布尔诺	一年一届
20	墨西哥工业展 Industrial Transformation MEXICO	瓜纳华托	一年一届
21	伊朗国际工业博览会 TIIE	德黑兰	一年一届
22	越南（河内）国际工业展 VIIF	河内	一年一届
23	德国斯图加特国际装备、处理技术及自动化展 MOTEK	斯图加特	一年一届
24	日本大阪国际机械要素展 M-TECH	大阪	一年一届
25	新加坡国际工业博览会 ASIA-PACIFIC	新加坡	一年一届
26	波兰华沙工业博览会 WARSAW INDUSTRY WEEK	华沙	一年一届

(续)

序号	展会名称	地点	周期
27	德国纽伦堡电气自动化系统及元器件展 SPS/IPC/DRIVES	纽伦堡	一年一届
28	巴基斯坦国际工业展 IEMA	拉合尔	一年一届
29	印度尼西亚国际机械制造展 Manufacturing Indonesia	雅加达	一年一届

（四）资料来源

北京中商国际展览有限公司

网址：www.zhongshangexpo.com

二维码

北京中商国际展览有限公司成立于 2005 年 1 月，总部位于北京，下设燕郊营销中心、南京公司、广州办事处等分支机构。该公司成立以来就以"专业、敬业"为服务宗旨，帮助企业开拓国际市场。根据市场的布局及热点变化，先后开拓了工业、汽车及零部件、金属加工及机床、医疗器械及轨道交通等五大展览板块，并协助多个省市商务部门利用展会平台开展经贸推介，在行业内树立了良好的口碑。同时是法兰克福展览有限公司主办的汽配展、汉诺威展览公司主办的汉诺威工业博览会、英国励展博览集团主办的泰国机械制造展、杜塞尔多夫展览集团公司的主办的医疗器械博览会展，以及柏林展览公司主办的轨道交通展等世界著名专业展的一级代理。

工业类展会已成为该公司传统优势项目,并协助多个省市商务部门利用展会平台开展经贸推介,在行业树立了良好的口碑。已连续 15 年组团德国汉诺威工业博览会,累计参展面积达 3 万平方米。据不完全统计,已为 1500 家/次企业提供德国汉诺威工业博览会服务,组展规模在全国名列前茅。

建议企业在选择出展项目时,要首先选择国际上口碑比较好的、行业内比较知名的展会,在这个前提下,要尽量选择与自身行业相匹配的、在专业观众和行业论坛等方面有资源优势的展会。对于初期开拓国际市场的企业,建议可先选择综合性的工业类展会,再根据对市场的判断确定专业性展会;也可以选择国家重点支持的市场,如"一带一路"沿线国家,并注意贸易摩擦等国际因素对企业出口的影响;同时兼顾市场多元化的原则,在不同的区域选择有成长性、有发展前景的展会。

五、轨道交通

(一) 行业概况

轨道交通是世界公认的低能耗、少污染的"绿色交通"。进入 21 世纪后,能源危机和环保压力日益加大,绿色轨道交通成了世界首选的交通方式。高速铁路建设得到了快速发展,中国、德国、意大利、西班牙等国家增长最快。根据世界顶级铁路行业机构——欧洲铁路行业联盟(CER)的调查统计,全球铁路市场总额超千亿欧元。未来 10 年铁路行业呈现上升趋势,预计年度增长为 1.5%~2%,10 年后的铁路市场增幅将达到 20% 左右。除了西欧、日本和中国专注于发展高速铁路,很多国家和地区,如印度、巴西、俄罗斯、中东、非洲、东南亚甚至美国,也开始纷纷加快干线铁路和城市轨道交通建设。

铁路运输的优势日益凸显,近年来跨境铁路也纷纷进入公众的视线:欧亚铁路、新加坡—马来铁路、中国—尼泊尔铁路、南亚多国铁路网等,这些铁路,或研究设计,或项目招标,或建设施工,或电气化翻新,铁路比航空和公路更加高效地连接了彼此,带动了沿线各地的经济发展。尤其是近几年我国轨道交通快速发展，凭借在成本、技术、效率等多方位的综合优势，逐步赢得了国际市场的认可，2017年出口额已超过200亿元。许多发展中国家也纷纷效仿，逐步加大轨道交通等基础设施建设，同时大部分发达国家对轨道交通产品进行综合集成升级，轨道交通出口市场面临发展机遇。随着我国轨道设备出口竞争力提升，相关企业的出国参展愿望也逐年提升。

（二）重点展览

1. 柏林国际轨道交通技术展（InnoTrans）

展会概况：全球最大最具影响力和代表性的轨道交通展会。创办于1996年，由德国柏林国际展览有限公司主办，得到了欧洲铁路联合会、德国铁路协会等机构的大力支持和协助，每逢偶数年举办一届。展会自创办以来发展迅速，短短20年的时间，已经发展成了目前全世界铁路和轨道交通行业规模最大、展商和贸易观众最多的国际展览盛会。

2018年第12届InnoTrans有3062家参展商汇集到柏林，在面积超过20万平方米的41个展厅里展出自己的产品，户外3500米长的轨道上有140多辆列车陈列，大会专业观众达到13万人次以上。参展商中有62.3%来自海外，海外参展商来自埃及、巴林、马来西亚、阿联酋和白俄罗斯等60个国家和地区。

2. 其他地区轨道交通展

南美（圣保罗）铁路工业展（NT Expo）、澳大利亚铁路工业展（Aus-Rail）、俄罗斯铁路装备展（Expo 1520）、中东（迪拜）铁路展（MES）、印度铁路展（IREE）、西班牙轻轨展（RAIL LIVE）等。

（三）全球行业展一览

轨道交通行业展见表6-5。

表6-5 轨道交通行业展

序号	展会名称	地点	周期
1	土耳其客车展 BusWorld Turkey	伊斯坦布尔	两年一届

（续）

序号	展会名称	地点	周期
2	西班牙轻轨展 RAIL LIVE	马德里	一年一届
3	印度客车展 BusWorld India	班加罗尔	两年一届
4	柏林国际轨道交通技术展 InnoTrans	柏林	两年一届
5	莫斯科客车展 BusWorld Msocow	莫斯科	两年一届
6	美国公共交通展 American Public Transportation Association	安纳海姆	三年一届
7	拉美客车展 Busworld Latin America	波哥达	三年一届

（四）资料来源

北京中商国际展览有限公司

网址：www.zhongshangexpo.com

二维码

北京中商国际展览有限公司成立于 2005 年 1 月，总部位于北京，下设燕郊营销中心、南京公司、广州办事处等分支机构。该公司已多年组织轨道交通企业参加轨道交通展，其中，与斯德哥尔摩国际公共交通展的主办方建立了业务联系，并与该展会中国区独家代理签订了授权协议，获得了唯一正规、合法的江苏省总代理资格，从而确保公司展位位置优越、信息渠道直接及展位价格优惠。此外，中商国际还获得全球轨道交通领域规模最大、最具影响力的专业展——柏林国际轨道交通技术展中国区一级代理的权限，这充分显示出该公司在轨道交通领域拥有令主办方信服的能力。

2019年第63届世界公共交通展在瑞典首都斯德哥尔摩举办,以深圳巴士集团、深圳地铁、中国中车、常隆客车等为代表的中国企业与世界企业在公共交通领域交流从建设到运营所有环节的宝贵经验,此次展会中国企业一共有1600余平方米的展示面积。中商展览重点组织江苏企业参加了该展会,该展会列入江苏省商务厅二类展,得到江苏省商务厅的大力支持,公司组展面积达350平方米,金龙客车、常隆客车、戚墅堰东方轨道交通产业园区、华启智能科技、康尼机电等一批公共交通企业取得了较好的参展效果。

六、物流

(一) 行业概况

经济全球化正快速地改造和重塑全球范围内的资源配置和货物流转方式。中国物流业市场规模位居全球第一,美国位列其次,预计未来几年,全球物流业仍将快速发展。目前,现代物流行业的发展趋势是从基础物流、综合物流逐渐向供应链管理发展。

随着电子商务和智能制造的快速发展,在物流领域,物流作业机械化、自动化、智能化发展迅速。物流管理手段、技术均在不断地改善和提高,缩短物流时间、节省物流费用、提高物流效率、促进物流组织合理化成为欧美等经济发达国家和地区物流发展的共同特征。预计未来几年中国物流技术装备行业将继续处在高速增长的发展阶段。其中,电商、快递、新零售、服装、新能源、新制造等领域的市场需求将继续保持快速增长。

(二) 重点展会

1. 美国芝加哥国际物流展 (ProMat)

时间:2021年4月12—15日

地点:美国芝加哥

展会概况:美国芝加哥国际物流展是北美著名的物料搬运、供应链与物流解决方案的展览活动,是为北美制造业和供应链专业人士举办的规模最大的展览会。

展商规模：1000家（中国展商60家）

观众数量：5万名专业观众来自145个国家

2. 日本国际物流综合展（LOGIS-TECH TOKYO）

时间：2021年1月26—29日

地点：日本东京

展会概况：日本国际物流综合展每两年举办一届，是亚洲地区规模最大的物流专业展览会，也是日本唯一的物流展览会。展会期间，叉车、仓储系统、货盘、输送机、台车、脚轮、集装箱、第三方物流合理化管理、软件等众多的最新产品和服务汇聚一堂。日本具有巨大的物流设备消费市场，消费总额达到4400亿日元。

展商规模：479家（共2435个展位）

海外展商：29家（共37个展位），来自6个国家和地区，其中中国展商占80%

观众规模：7.4万人

海外观众：2743人，来自37个国家和地区

下届规模（预计）：4.8万平方米，8个展馆

3. 汉诺威国际物流展（CeMAT）

时间：2021年4月12—16日

地点：德国汉诺威

展会概况：展会是全球最具规模和影响力的物流领域展览会，迄今为止已经成功举办了9届。展会汇集了全球最顶尖的物流技术装备企业以及当今物流领域前沿科技、创新思想和服务理念。为了适应不断发展壮大的国际物流业、满足企业参展和观展的需求，自2014年起，主办方德国汉诺威展览公司将该展会由每3年一届改为两年一届。德国汉诺威国际物流展已成为国际物流市场所关注的焦点，为来自全球的展商、专业观众及买家提供了了解行业前沿、学习最新技术，以及与大量业内专家和顶级策者建

立交流的国际平台。

上届面积 7.2 万平方米，共吸引了来自 44 个国家和地区的 600 多家展商，其中 39% 来自海外国家，观众人数高达 5.3 万名。上届中国参展企业一共 132 家，相比往届，参展商和面积数均有大幅增长。

（三）全球行业展一览

物流行业展见表 6-6。

表 6-6　物流行业展

序号	展会名称	地点	周期
1	美国亚特兰大国际物流展 MODEX	亚特兰大	两年一届
2	德国斯图加特国际物流展 LOGIMAT	斯图加特	一年一届
3	巴西国际物流运输展 Intermodal Brazil	圣保罗	一年一届
4	法国国际物流运输及设备展 SITL FRANCE	巴黎	一年一届
5	乌克兰国际物流及运输设备展 Inter-TRANSPORT	敖德萨	一年一届
6	墨西哥国际物流运输与物料搬运展 SITL AMERICAS	墨西哥城	一年一届
7	韩国国际物料搬运及物流设备展 KOREA MAT	首尔	一年一届
8	阿根廷国际物流展 EXPO LOGISTI-K	布宜诺斯艾利斯	两年一届
9	菲律宾物流运输及物料设备展 TRANSPORT & LOGISTICS PHILIPPINES	马尼拉	一年一届
10	俄罗斯国际运输、物流服务和内部物流技术展 TRANS RUSSIA	莫斯科	一年一届
11	泰国国际物流设备、仓储及运输展 TILOG-LOGISTIX	曼谷	一年一届
12	马来西亚国际物流及仓储技术展 LOGISWARE MALAYSIA	莎阿南	一年一届

（续）

序号	展会名称	地点	周期
13	巴基斯坦国际物流展 LTMH	拉合尔	一年一届
14	西班牙国际物流及物料搬运展 SILBARCELONA	巴塞罗那	一年一届
15	俄罗斯国际物流展 CeMAT Russia	莫斯科	一年一届
16	澳大利亚国际物流展 CeMAT AUSTRALIA	墨尔本	两年一届
17	印度国际仓储、物流、供应链展览会 India Warehousing Show	新德里	一年一届
18	荷兰国际物流运输展 Intermodal Europe	阿姆斯特丹	一年一届
19	波兰国际运输和物流展 TransLogistica Poland	华沙	一年一届
20	埃及国际物料搬运与仓储设备展 Egypt Material Handling & Storage Equipment Expo	开罗	一年一届
21	西班牙国际物流及配送展	马德里	一年一届
22	日本国际物流综合展 LOGIS-TECH TOKYO	东京	两年一届
23	美国芝加哥国际物流展 ProMat	芝加哥	两年一届
24	汉诺威国际物流展 CeMAT	汉诺威	两年一届
25	意大利国际物流技术展 INTRALOGISTICA ITALIA	米兰	三年一届

（续）

序号	展会名称	地点	周期
26	中东（迪拜）国际物流展 Materials Handling Middle East	迪拜	两年一届
27	英国国际物流展 IMHX	伯明翰	三年一届
28	巴西物流仓储运输展 MOVIMAT	圣保罗	两年一届

（四）资料来源

广州环球搏毅展览有限公司

网址：www.gzboyi.com.cn

二维码

作为全球物流展中国最早、最专业的组展机构，博毅展览已连续 13 年成功组织中国企业拓展国际物流市场，与海外 60 多国主办建立了长期稳定的合作关系，每年成功组织数百家中国企业参加全球物流及工业类展会，在业界享负盛名。国外优势展览会较多，其中包括日本国际物流综合展，美国芝加哥国际物流展，德国斯图加特国际物流展，中东（迪拜）国际物流展，巴西物流仓储运输展，澳大利亚国际物流展，菲律宾物流运输及物料设备展，印度国际仓储物流供应链展，泰国国际物流设备、仓储运输展等全球主要物流大展。该公司一直是日本国际物流综合展中国总代理，每届组织 30~50 家企业参展，为中国企业开发日本市场及匹配买家起到良好的助推作用。

建议参展企业明确产品定位、市场定位、客户定位，结合企业的状况和营销策略，才能有的放矢，锁定关联的展会。

七、建材

（一）行业概况

我国是名副其实的家居建材制造第一大国。目前，我国建材行业已与世界 130 多个国家和地区开展了贸易与合作。建筑卫生陶瓷、玻璃纤维及制品、建筑与技术玻璃、复合材料、建筑用石材、混凝土制品等主要建材商品出口额保持年均 10%~20% 增长。近年来，建材出口贸易趋于稳定，金额基本保持在 300 亿~350 亿美元，2018 年我国建材商品出口贸易额达到 343 亿美元。

"一带一路"倡议以来，建材行业在"走出去"过程中有了新的明显突破。相较于东南亚新兴制造基地，我国建材产品质量和生产工艺领先其近十余年。同时，在企业制度、员工素质、产品风控及设备和产业链等方面也具备明显优势。东南亚很多国家处在寻求新经济增长点的发展时期，正积极兴建多项大型基建，需要大量建材原料。此外，随着人民生活水准提高，民用住宅建设等建筑业强劲增长，对建筑材料如钢筋、水泥、陶瓷、五金等逐渐增大，甚至出现供不应求的现象。比如，马来西亚从原来依靠进口美、日等发达国家产品转化为现在大批进口中国的建材产品，目前约 50%~60% 的五金建材进口自中国。

此外，一些企业直接在境外收购企业、投资建厂的步伐明显加快，已涉及水泥、平板玻璃、玻璃纤维、墙体材料、石材等多个行业。

（二）重点展会

1. 缅甸国际建材展（MYANBUILD）

时间：2020 年 11 月

地点：仰光

周期：一年一届

展会概况：创办于 2010 年，上届展出面积 4800 平方米，汇聚参展商 267 家，吸引专业观众 8947 人。

2. 孟加拉国际建材展（BANGLADESH EXPO）

时间：2020 年 10 月 22—24 日

地点：达卡

周期：一年一届

展会概况：创办于 2016 年，上届展出面积 6000 平方米，吸引来自近 20 个国家的 150 家参展商。

3. 摩洛哥国际建材展（SIB）

时间：2020 年 11 月 25—29 日

地点：卡萨布兰卡

周期：两年一届

展会概况：创办于 1986 年，上届展出面积 2 万平方米，汇聚参展商超过 700 家，吸引专业观众 19 万人。东方益达从 2010 年仅带一家企业赴摩洛哥，到 2018 年组织中国企业参展面积已达到近 400 平方米，52 家企业参展。摩洛哥国际建材展是北非规模大，专业度高，企业高复展率的展会之一。

（三）全球行业展一览

建材行业展见表 6-7。

表 6-7　建材行业展

序号	展会名称	地点	周期
1	美国建筑建材展 IBS	拉斯维加斯	一年一届
2	乌克兰建材展 WORLDBUILD KYIV	基辅	一年一届
3	乌兹别克建材展 UZBUILD	塔什干	一年一届

第六章 核心行业、组展公司及展览分布

（续）

序号	展会名称	地点	周期
4	韩国建材展 KINTEX	首尔	一年一届
5	埃及建材展 BATIMAT EGYPT	开罗	一年一届
6	越南河内建材展 VIETBUILD	河内	一年一届
7	英国建材展 FUTUREBUILD	伦敦	一年一届
8	萨尔瓦多建材展 CONSTRUEXPO	圣萨尔瓦多市	一年一届
9	菲律宾建材展 WORLDBEX	马尼拉	一年一届
10	卡塔尔国际建材展 PROJECT QATAR	多哈	一年一届
11	玻利维亚建材展 FICAD	圣克鲁斯	一年一届
12	俄罗斯建材展 MOSBUILD CERSANEX	莫斯科	一年一届
13	巴西建材展 FEICON BATIMAT	圣保罗	一年一届
14	印尼建材展 INDOBUILD TECH	雅加达	一年一届
15	土耳其建材展 YAPI-TURKEYBUILD ISTANBUL	伊斯坦布尔	一年一届
16	阿尔及利亚建材展 BATIMATEC EXPO	阿尔及尔	一年一届
17	澳大利亚建材展 DESIGNBUILD AUSTRALIA	墨尔本	一年一届

（续）

序号	展会名称	地点	周期
18	泰国建材展 ARCHITECT EXPO	曼谷	一年一届
19	老挝建材展 LAOBUILD	万象	一年一届
20	肯尼亚建材展 BULIDEXPO KENYA	内罗毕	一年一届
21	孟加拉国际建材展 BANGLADESH EXPO	达卡	一年一届
22	韩国建材展 KINTEX	首尔	一年一届
23	伊朗建材展 BUILDING&CONSTRUCTION INDUSTRIES EXHIBITION	德黑兰	一年一届
24	土库曼斯坦建材展 TURKMEN BUILD	阿什哈巴德	一年一届
25	哈萨克斯坦建材展 KAZBULID	阿拉木图	一年一届
26	新加坡建材展 MCE ASIA	新加坡	一年一届
27	斯里兰卡建材展 BUILDCON	科伦坡	一年一届
28	巴拿马建材展 CAPAC	巴拿马城	一年一届
29	坦桑尼亚建材展 BULIDEXPO TANZANIA	达累斯萨拉姆	一年一届
30	柬埔寨建材展 CAMBUILD	金边	一年一届

第六章 核心行业、组展公司及展览分布

(续)

序号	展会名称	地点	周期
31	埃塞俄比亚建材展 Ethio-Con	亚的斯亚贝巴	一年一届
32	越南建材展 VIETBUILD	河内	一年一届
33	秘鲁建材展 EXCON	利马	一年一届
34	南非建材展 INTERBUILD AFRICA	约翰内斯堡	两年一届
35	墨西哥建材展 EXPO-CIHAC	墨西哥城	一年一届
36	沙特建材展 MCE SAUDI	利雅得	一年一届
37	阿塞拜疆建材展 BAKUBUILD	巴库	一年一届
38	菲律宾建材展 PHILCONSTRUCT	马尼亚	一年一届
39	古巴博览会 Havana International Fair	古巴	一年一届
40	缅甸国际建材展 MYANBUILD	仰光	一年一届
41	迪拜建材展 THE BIG 5	迪拜	一年一届
42	摩洛哥国际建材展 SIB	卡萨布兰卡	两年一届
43	日本建材展 IBUD	东京	一年一届
44	加拿大建材展 THE BUILDINGS SHOW	多伦多	一年一届
45	巴基斯坦建材展 BUILD ASIA	卡拉奇	一年一届

（四）资料来源

北京东方益达国际展览有限责任公司

网址：www.eastyida.com

二维码

北京东方益达国际展览有限责任公司（简称东方益达）于 2002 年成立，致力于为企业提供有效的展出平台，为企业打造专业的精品服务。总部位于北京，上海设有分公司，团队逾百人，目前已代理全球贸易展会超过 290 个，其中包括大中华地区独家代理 42 个，一级代理 219 个，深度合作 52 个。

东方益达将始终通过专业经验和精益技能，协助客户实现参展利益最大化。2018 年 9 月，东方益达开始在专业的展会和目标市场上推广中国供应商专刊，每一本专刊对应一名潜在买家。仅建材行业，一年就在 11 个国家的 11 个专业展会上获得近 1200 张买家采购信息和联络方式，并在每个展会结束一周内交给投放宣传的企业，帮助企业在没有足够人力物力财力参展的市场上获客，增加企业的曝光度。

八、酒店餐饮

（一）行业概况

对于酒店用品行业而言，其市场准入门槛相对较低，而且在酒店业越来越发达的今天，更使许多觊觎酒店用品业良久的投机者蠢蠢欲动。客户对酒店用品的需求不仅仅局限于一种产品只提供一种功能，而更趋向于低碳环保和便利化。大量酒店客房纷纷换上智能家具、智能卫浴和智能灯具等智能化客房用品。厨房设备、清洁设备也呈现出智能化的趋势。

目前，欧美仍是全球连锁酒店行业发展的主要市场。以法国为例，其拥有的连锁酒店最多，达到3816家。此外，英国、西班牙、德国和意大利等欧洲国家体量也不容小觑。

与欧洲类似，美国连锁酒店发展时间同样较长，在全球市场占据重要地位。在HOTELS公布的2017年全球酒店集团前十强中，美国有5家酒店入榜，位列全球第一，这5家酒店分别是万豪国际、希尔顿、温德姆酒店集团、精选国际酒店集团及贝斯特韦斯特国际酒店集团。（前瞻产业研究院发布的《中国连锁酒店行业发展前景预测与投资战略规划分析报告》）

另外，"一带一路"新兴市场将成为全球酒店发展重心。得益于经济的快速发展，这些地区的中产阶级不断增长，目标消费人群的迅速增长将激励众多中端酒店品牌加速布局。印度、俄罗斯、波兰、墨西哥、土耳其等成为最受欢迎的参展国。

（二）重点展会

1. 美国芝加哥国际餐饮酒店展（NRA）

时间：2021年5月22—25日

地点：美国芝加哥

展会概况：2019年展出面积超过6万平方米，来自美国、墨西哥、加拿大、欧洲、澳大利亚、中国、日本等25个国家的近2300家企业参加了该展。为期4天的展会共迎来约6.5万名专业观众。

2. 俄罗斯国际酒店展（PIR）

时间：2020年10月19—22日

地点：俄罗斯莫斯科

展会概况：展会面积4.5万平方米，共计超过600家企业参展，观众总量超过了4.5万人。

（三）全球行业展一览

酒店餐饮行业展见表6-8。

表6-8　酒店餐饮行业展

序号	展会名称/英文简称	地点	周期
1	南非国际酒店展 The Hotel Show Africa	约翰内斯堡	两年一届
2	英国国际酒店展 HRC	伦敦	两年一届
3	新加坡国际酒店&烘焙展览会 FHA	新加坡	两年一届
4	印度国际酒店、餐饮、烘焙及食品机械展 AAHAR	新德里	一年一届
5	波兰国际餐饮酒店业博览会 Eurogastro	华沙	一年一届
6	迪拜国际餐饮酒店设备展 GULF HOST	迪拜	两年一届
7	西班牙国际餐饮酒店展 HOSTELCO	巴塞罗那	两年一届
8	美国拉斯维加斯国际酒店设计展 HD EXPO	拉斯维加斯	一年一届
9	美国芝加哥国际餐饮酒店展 NRA	芝加哥	一年一届
10	菲律宾国际酒店餐饮展 WOFEX	马尼拉	一年一届
11	澳大利亚国际食品&酒店展 Fine Food Australia	墨尔本	一年一届
12	墨西哥酒店&烘焙展 ABASTUR	墨西哥城	一年一届
13	巴西国际酒店展 Equipotel	圣保罗	一年一届

(续)

序号	展会名称	地点	周期
14	泰国国际酒店展 FHT	曼谷	一年一届
15	土耳其国际酒店及餐饮设备展 Hostech	伊斯坦布尔	两年一届
16	意大利米兰国际酒店展 host	米兰	一年一届
17	俄罗斯国际酒店展 PIR	莫斯科	一年一届
18	巴西国际食品服务展 FISPAL FOOD SERVICE	圣保罗	一年一届
19	法国巴黎国际酒店展 Equip Hotel	巴黎	两年一届

（四）资料来源

北京中联国际展览有限公司

网址：www.zhonglian-expo.com

二维码

中联展览自2010年成立以来，一直致力于全球酒店、烘焙等行业展览的开发及招展工作，先后代理了欧洲、美洲、南美洲、非洲、东南亚及大洋洲的多个专业酒店项目，至今已成功组织上百场专业酒店行业展览会。

九、水处理和环保

(一) 行业概况

随着工业化进程推进,水污染日益严重,全球水和废水处理化学品市场预计在2019—2025年间将以4.3%的复合年增长率增长。

IHS咨询公司称,2018年全球水处理化学品市场价值达到93.3亿美元。全球最大的水处理化学品市场是中国,市场价值为31亿美元,占全球市场为33%的份额;排名第二的是北美市场,市场价值为30亿美元,占全球市场32%的份额。新兴市场对清洁用水和安全用水的需求将为水处理化学品市场创造强劲的增长动力。

行业统计显示,在"十三五"期间,我国在环保领域的总投入超17万亿元。在目标实施上,环保规划将从单一目标,即总量控制目标、减排目标,变成双目标,即环境质量改善和污染物总量控制,内容将涉及绿色经济、核安全问题、土壤环境保护、生态环境保护、水环境污染防治等诸多方面。多位专家预测,环保在发展方向和投资重点将上升至国家战略高度,成为政府重点投资领域。围绕着环保领域的十万亿级盛宴带动了中国环保产业迅猛发展,一大批国内环保企业得到发展和壮大,这也推动了中国环保和水处理领域企业加大加快拓展海外市场的步伐。

自2016年以来,水处理、环保领域的中小型企业的产品出口额大幅增长,品牌知名度也在快速提升,从刚开始的OEM为主到现在的自主品牌出海,显示出中国水处理、环保领域企业在快速地成长。在此期间,国内大型环保企业收购国外品牌企业并进军海外市场的案例也显著增加。这些都显示出目前是中国的水处理、环保领域企业走向国际的发力阶段。可以预见在不远的将来,会有更多的中国水处理、环保领域的企业在国际市场上发展成长,将"中国制造"提升到"中国品牌"。

随着"一带一路"的持续推进,环保企业在东南亚各国更为积极。在未来,围绕生态、环保、绿色的目标,坚持共建、共治、共享的原则,我国更多的环保企业将在东南亚、南亚、中东欧、中亚的市场活跃发展。

（二）重点展会

1. 美国水处理展（WEFTEC）

时间：2020年10月5—7日

地点：美国新奥尔良

展会概况：展会由 Water Environment Federation（WEF）即美国水环境联合会主办，该展会每年一届，自1928年举办以来，已连续举办92届，是目前全球举办届数最多的水处理展会。该展会也是目前全球最具影响力的综合性水处理行业盛会，为水处理设备、污水处理设备、水泵、水阀及管道企业进入美国这一目前海外最大的单一市场提供最佳平台。每年1000多家参展企业使 WEFTEC 成为全球最大的一年一届的水处理行业盛会。该展会也是现场预定率最高的展会之一，近80%的2019年参展企业预定下一届展会。中国参展企业在前几年的不懈尝试下现在也明显稳固，重复参展的企业也越来越多。北美市场是目前海外最大的单一市场，一旦能够进入，其投入产出的回报必然是很高的。这是一个非常值得生产中高端产品的中国企业去拓展的市场。

2. 新加坡水博会（SIWW）

时间：2021年6月20—24日

地点：新加坡

展会概况：如果说全球水处理领域哪个展会从最初就占领了行业的顶端，那非新加坡水博会莫属。新加坡水博会自2008年创办以来，以其在全球水务领袖企业中强有力的推广，从第1届起就成为全球顶端的行业盛会，不仅有众多全球知名的水务公司参展，同时举办水务领袖峰会、世界城市峰会及水务领域的诺贝尔大奖——"李光耀水资源大奖"的评选和颁奖等，更是聚集了全球水务领域、城市发展领域的行业精英于一堂共商行业发展大计。

作为东南亚的金融和贸易中心，新加坡市场影响力覆盖整个东南亚市场，其经贸影响力辐射印度、澳大利亚、新西兰及中东等市场，来自这些市场的采购商比例也明显高于其他地区的同业展会。这为中国参展企业一次性拓展更多的海外市场提供了优质的平台。

该展会不仅适合生产水处理设备的企业参加，也适合中国水务领域的成套设备、工程公司参展。该展会于2012年改为两年一届。自2014年以来，中国企业参加新加坡水博会的力度显著增长，每届展会中国企业参展面积较上届增长50%以上，上届展会中国参展企业80多家，参展面积达1500平方米。

3. 慕尼黑国际环博会（IFAT）

时间：2022年5月30日—6月3日

地点：德国慕尼黑

展会概况：IFAT系列展是全球水处理、废弃物处理和再利用以及可再生能源领域的权威博览会，由德国慕尼黑博览集团主办。德国慕尼黑博览集团成立于1964年，是世界十大展览公司之一。作为当今世界水处理及环保领域领先的展览公司，凭借其行业前瞻性为展商挖掘极具潜力的市场并组建最优质的观众群体，德国慕尼黑博览集团创建了世界最大、最重要的国际性水处理及环保专业博览会。该展会是目前国内企业了解国际市场最新产品和技术发展趋势的标杆展会。

此外，随着IFAT展会的不断壮大，IFAT在南非、印度、土耳其举办系列分展，为全球环保类企业提供全面的展示平台。

（三）全球行业展一览

水处理和环保行业展见表6-9。

表6-9 水处理和环保行业展

序号	展会名称	地点	周期
1	美国国际污水处理展 WWETT	波利斯	一年一届
2	德国慕尼黑国际环博会 IFAT	慕尼黑	两年一届
3	澳大利亚水展 OZ Water	墨尔本	一年一届

第六章 核心行业、组展公司及展览分布

（续）

序号	展会名称	地点	周期
4	波兰国际水展 WOD KAN	比得哥什	一年一届
5	阿尔及利亚国际水处理、环保展 SIEE POLLUTEC	奥兰	一年一届
6	韩国国际水处理环保展 ENVEX	首尔	一年一届
7	越南国际环保及水处理展 ENTECH VIETNAM	胡志明	一年一届
8	新加坡水博会 SIWW	新加坡	两年一届
9	新加坡环保展 CESG	新加坡	两年一届
10	印度国际水展 Everything About Water EXPO	新德里	一年一届
11	俄罗斯国际水展 ECWATECH	莫斯科	一年一届
12	俄罗斯国际管道展 CITYPIPE	莫斯科	一年一届
13	俄罗斯国际环保展 Waste Tech	莫斯科	一年一届
14	墨西哥国际水处理展 AQUATECH Mexico	墨西哥城	一年一届
15	美国水处理展 WEFTEC	新奥尔良	一年一届
16	印度国际环博会 IFAT India	孟买	一年一届

(续)

序号	展会名称	地点	周期
17	缅甸国际水展 Myanmar Water	仰光	一年一届
18	西班牙国际水展 IWATER	巴塞罗那	两年一届
19	法国国际水处理环保展 POLLUTEC	里昂	两年一届
20	西班牙国际水处理环保展 SMAGUA	萨拉戈萨	两年一届
21	南非国际环博会 IFAT Africa	约翰内斯堡	两年一届

（四）资料来源

北京巨友华宇国际会展有限公司

网址：www.acevision-expo.com

作为国内最早为水处理、环保领域的企业提供海外出展专业服务的组展机构，巨友华宇自成立以来积累了丰富的行业经验，在为客户提供服务的过程中得到了客户的信任和支持。已连续12年组团参加新加坡水博会，见证了中国水处理行业向外拓展的历程，也为中国水处理领域的企业走向国外提供了服务。从最初的1家公司参展到2018年80多家公司参展，组展面积从12平方米到1500平方米。巨友华宇2010年成为中国首家组织企业参加德国慕尼黑环博会（IFAT）的展览公司，参展面积从最初的100平方米增长到现在的1000多平方米。

十、塑料和无纺布

（一）行业概况

近年来，欧盟、韩国、澳大利亚等国家和地区推出了"限塑""禁塑"

法令。如自 2019 年起，韩国全面禁止使用一次性塑料袋；自 2021 年开始，欧盟范围内将彻底禁止一切可选用纸板等其他替代材料生产的一次性塑料制品。在政策驱动下，全球生物降解塑料需求保持增长趋势。

由于城市化和全球化成为大势所趋，在能源工业、建设和房地产等行业中，塑料正发挥越来越大的作用。亚洲成为世界上塑料需求增长最快的地区。

全球塑料展会分布与各国家与地区的塑机进出口情况保持一致，大体上分为几种类型：第 1 类是成熟市场的尖端引领性展会，以全球三大塑料展为代表，此类展会通常以新产品、新技术发布为主题，也是全球知名企业聚集的盛会；第 2 类以中国、印度与东南亚为代表，是塑料行业长期平稳发展的区域，该区域的特点是长期经贸发展平稳，因此诞生出一批同样稳定的商贸平台；第 3 类展会像雨后春笋一样出现在各个新兴市场，以非洲为代表，这个区域的特点是人口基数大，消费空间大，市场增长潜力巨大，正吸引海外投资设厂提高供应能力，改善贫穷落后。非洲在未来的几十年中必定会有翻天覆地的变化，而这块宝地，自然是现在最值得投资和进入的市场。

（二）重点展会

1. 全球三大塑料展

全球塑机出口第一大国德国的 K Show，全球塑机进口第一大国美国的 NPE，以及即将超过美国的全球塑机进口第二大国中国的 CHINAPLAS。

2. 其他地区热门展览

美洲地区参展重复率最高的专业大展——墨西哥 Plastimagen；"一带一路"相关市场的重点展览：越南——Vietnam Plas；泰国——T-Plas/A-Plas/Interplas；俄罗斯——Interplastica/Rosmould；中亚地区的乌兹别克斯坦——Plastex；印度市场则以 Plastivision Mumbai、PLASTINDIA、Indoplas、IPLEX、Plexpo 等为代表全面覆盖印度东西南北各区域；非洲地区则以 COMPLAS 系列为代表的塑料行业展会。

3. 全球行业展一览

塑料和无纺布行业展见表6-10。

表6-10 塑料和无纺布行业展

序号	展会名称	地点	周期
1	印度（孟买）国际塑料展 Plastivision Mumbai	孟买	三年一届
2	孟加拉国际塑橡胶包装印刷展 IPF	达卡	一年一届
3	阿拉伯国际塑胶展 Plastivision Arabia	沙迦	两年一届
4	埃塞俄比亚国际塑胶展 Complast Ethiopia	亚的斯亚贝巴	一年一届
5	肯尼亚国际塑胶展 Complast Kenya	内罗毕	一年一届
6	俄罗斯国际塑胶展 Rosmould	莫斯科	一年一届
7	印度尼西亚国际塑胶展 Indoplas	雅加达	两年一届
8	巴基斯坦国际塑胶包装印刷展 3P Pakistan	卡拉奇	一年一届
9	印度南部巡回国际塑胶展 IPLEX	科钦	一年一届
10	泰国国际塑料展 A-Plas	曼谷	两年一届
11	越南国际塑胶展 Vietnam Plas	胡志明	一年一届
12	墨西哥国际塑胶展 Plastimagen	墨西哥城	三年两届
13	尼日利亚国际塑胶展 Complast Nigeria	拉各斯	一年一届
14	缅甸国际塑橡胶暨印刷、包装工业展 Myanmar PPP	仰光	一年一届

(续)

序号	展会名称	地点	周期
15	印度（新德里）国际塑料展 PLASTINDIA	新德里	三年一届
16	越南国际塑胶包装印刷展 HanoiPlas	河内	两年一届
17	美国国际塑胶展 NPE	奥兰多	三年一届
18	印度（加尔各答）国际塑料展 Indplas	加尔各答	三年一届
19	德国国际塑料展 K Show	杜塞尔多夫	三年一届

（四）资料来源

上海睦邻展览有限公司

网址：www.melinkfairs.cn

睦邻展览成立于 2014 年，先后涉足塑料行业、无纺布行业、医疗行业，拥有 10 个以上国际展会总代项目和 30 个以上一级代理项目。2016 年开辟华南办事处设址珠海，2017 年成立外贸企业服务平台"睦邻书院"，睦邻书院带领企业家和外贸达人们走进武汉大学、复旦大学等国内知名高校。百战归来再读书，睦邻展览创造最具价值的行业分享和学习交流平台；2019 年开设长沙分公司。

睦邻展览从 2014 年作为 COMPLAST 系列最早的中国合作伙伴，逐年得到主办单位的认可，总代理了 COMPLAST 整个非洲系列展会。2014 年开始总代的肯尼亚国际塑胶展，从最早带领零散几家中国企业试探性参展，到目前每年组织 40 家以上中国企业参展。该展会已成为东非地区最专业的展会，极大地带动了塑料行业的设备出口到东非市场。

Indplas 之前是一个不起眼的印度东部地区的非知名展会，中国企业参展面积 36 平方米。2015 年，睦邻展览总代了 Indplas 项目，中国展区面积超过400平方米，到2018年中国展区面积超出1000平方米，展会也从不起眼的东部区域展会，成为在该国有知名度的塑料展会，跻身印度前三大塑料展。而睦邻展览连续6年总代的IPLEX也从不知名的地区展会成长为知名的印度南部第一大展。

十一、安防

（一）行业概况

随着复杂的国际安全环境的变化，以及人们对家庭、社会安全意识的不断提高，安防产品越来越受欢迎。许多城市建设及安全系统改造，特别是监控系统的增加和完善都体现了安防产品巨大的市场。

2012—2017年全球GDP平均增长率为2.7%，但安防业务的增长却比其还高，这是非常惊人的现象。在过去的10年中，该市场的复合年增长率为6.27%。据Memoori预测，2024年市场规模将达到567.6亿美元，复合年增长率达10.72%，但视频监控、门禁控制、防盗报警三大主要业务在全球各区域的增长率都会有明显的差异。

未来5年内，不法活动仍然不可能被完全平息，政府在公共安全投入的预算仍会增加，这将推动安防市场的进一步发展。借助物联网技术，安防技术与用户业务之间的融合需求会不断增长，到2020年年底，随着经济增长速度的增快，将会变得更加明显。

全球物理安全市场未来5年的年复合增长率将达10.7%，主要的驱动力来自于人工智能视频分析软件的发展。到2024年年底，其市场总值将增长至35亿美元，进一步驱动用户对于视频监控硬件更多的需求。

（二）重点展会

1. 美国西部国际安防展（ISC West）

时间：2020年10月5—8日

地点：美国拉斯维加斯金沙会展中心

主办方：励展博览集团美国公司

展会概况：2019 年第 54 届展会于 4 月 10—12 日在拉斯维加斯金沙会展中心成功举办，面积超过 2.9 万平方米，展商总数超过 1000 家，专业观众达到 3.1 万人。中国展商有 100 多家，展出面积超过 2000 平方米。

2. 英国伦敦国际安防及劳保展（IFSEC）

3. 德国埃森国际安防展（SECURITY ESSEN）

（三）全球行业展一览

安防行业展见表 6-11。

表 6-11 安防行业展

序号	展会名称	地点	周期
1	迪拜国际安防、防护及消防展 INTERSEC MIDDLE EAST	迪拜	一年一届
2	俄罗斯机场建设展欧洲机场建设展 NAIS	莫斯科	一年一届
3	巴基斯坦国际安防、消防展 SAFE SECURE	伊斯兰堡	一年一届
4	日本安防展 SS-SECURITY SHOW	东京	一年一届
5	美国西部国际安防展 ISC West	拉斯维加斯	一年一届
6	巴基斯坦国际安防展 Safe Secure Pakistan	拉合尔	一年一届
7	孟加拉达卡国际安防展 SAFECON	达卡	一年一届
8	巴西圣保罗安防展 EXPOSEC	圣保罗	一年一届
9	墨西哥国际安防、防护及消防展 ESM&MSE&MFE	墨西哥城	一年一届
10	英国国际安防及劳保展 IFSEC	伦敦	一年一届
11	南非国际安防展 Securex South Africa	约翰内斯堡	一年一届

(续)

序号	展会名称	地点	周期
12	巴西国际安防及消防展 ISC Brasil	圣保罗	一年一届
13	澳大利亚国际安防展 Security Expo	悉尼	一年一届
14	哥伦比亚安防展 E+S+S	波哥大	一年一届
15	波兰国际安防及防务设备展 MSPO	凯尔采	一年一届
16	德国埃森国际安防展 SECURITY ESSEN	埃森	两年一届
17	韩国物联网展 IoT Korea	首尔	一年一届
18	土耳其国际安防展 ISAF	伊斯坦布尔	一年一届
19	沙特阿拉伯国际安防展 SNSR	利雅得	一年一届
20	美国东部国际安防展 ISC East	纽约	一年一届
21	哥伦比亚国防展 EXPODEFENSA	波哥大	一年一届
22	法国巴黎国际军警设备展 MILIPOL PARIS	巴黎	两年一届

(四) 资料来源

北京恒立伟业国际展览有限公司

网址：www.heliview.cn

北京恒立伟业国际展览有限公司自2006年成立以来，一直致力于展览资源的开发和推广，目前代理全球展览项目超过130个。该公司自2007年就开始涉足中东欧地区的展览会，包括波兰、捷克、俄罗斯、乌克兰等国家，是中国企业最早进入这些地区开展经贸活动的推广单位之一。该公司已在暖通卫浴及建材、安防等领域，从事国际展览会的组织工作超过 14 年，具有丰富的展览组织经验。部分展览项目的组展规模较大，具有一定的影响力。这些项目包括：美国建材及建筑展、俄罗斯暖通卫浴展、英国国际地铺展、美国西部国际安防展、俄罗斯汽配展、哥伦比亚国际汽配展、澳大利亚新能源展等。大部分展会组展规模均超过 1000 平方米，组展历史超过 10 年。

十二、汽摩配

（一）行业概况

汽车产业是世界上规模最大的产业之一，已经成为美国、日本、德国、法国等发达国家国民经济的支柱产业，具有产业关联度高、涉及面广、技术要求高、综合性强、零部件数量多、附加值大等特点，对工业结构升级和相关产业发展有很强的带动作用。

汽车配件是构成汽车整体的各个单元及服务于汽车的一种产品。汽配行业根据其进入市场的不同渠道可以分为整车配套市场和售后服务市场：整车配套市场（OEM 市场）是指在新车出厂之前，各个汽车零部件厂商为新车零部件进行配套的市场，包括了汽车的各种零部件；售后服务市场（AM 市场）是指汽车在使用过程中由于零部件损耗需要进行更换或汽车外观美化、改装所形成的市场，主要供应汽配市场、汽车装饰装潢店、维修店等使用。

2009—2016 年，是我国汽配行业高速发展的 7 年，全国年汽车销量从 2009 年的每年 1300 万辆，快速增长至 2016 年的超过 3000 万辆，年度汽车销量翻倍，早已远超美国。伴随着汽车销量、保有量的大幅上升，越来越多人关注到了汽车后市场的商业机会，也就是汽配行业的开发。

从规模、届数及当地影响力几方面综合评估，全球的主要大展主要有：

乘用车领域：Automechanika 全球系列展、美国 AAPEX/SEMA、法国 Equip Auto、印度尼西亚 INAPA、泰国 TAPA、巴西 AUTOMEC、俄罗斯 INTERAUTO、印度 AUTO EXPO；

商用车领域：德国 IAA、美国 MATS、巴西 FENATRAN；

轮胎及附件领域：德国 The tire cologne、意大利 AUTOPROMOTEC、新加坡 tyrexpo Asia、巴拿马 LatinTyre。

（二）重点展会

1. 印度（新德里）国际汽配展（AUTO EXPO）

时间：2020 年取消

地点：印度新德里

主办方：CII（Confederation of Indian Industry）

周期：两年一届

展会概况：印度（新德里）国际汽配展（AUTO EXPO）创办于 1986 年，是由印度汽车制造协会（SIAM）、印度汽车工业联合会（CII）与汽车零部件制造商协会（ACMA）联合主办的。展会举办周期为两年一届，现已发展成为印度最大的汽车类展会。

印度是世界第四大经济实体，是世界上发展最快的国家之一。随着印度经济的快速增长，国民收入不断增加，印度有购车需求的人越来越多，潜在汽车消费市场巨大。近几年，印度汽车零件工业产值每年均维持 30% 的高速增长。据估计，印度汽车市场即将呈爆炸式增长，25 年后市场规模将超越美国。

2. 法兰克福（胡志明）国际汽车零配件及售后服务展（Automechanika Ho Chi Minh City）

时间：2020 年 12 月 9—12 日

地点：胡志明

主办方：法兰克福展览有限公司、展昭国际企业股份有限公司和 Yorkers Exhibition Service Vietnam（越南）

周期：一年一届

展会概况：法兰克福（胡志明）国际汽车零配件及售后服务展由法兰克福展览有限公司主办，公司以"国际品牌战略"作为其在全球开展业务的指导性战略，该展会得到越南工业部及运输部的大力支持，已成为越南汽车及汽配领域最专业的盛会之一，越南媒体称其为目前越南最具影响力的汽车展会。此展会已不仅是一个商业交易平台，它还为展商提供了深入了解越南汽配市场环境的机会，同时帮助他们在越南市场形成高效运行的经营模式。

3. 印度尼西亚（雅加达）国际汽配、轮胎、双轮车、商用车展（INAPA）

时间：2021 年 3 月 24—26 日

地点：雅加达

主办方：GEM Indonesia

周期：一年一届

展会概况：INAPA 是由 GEM Indonesia 主办的印度尼西亚最大的汽摩配专业展。首届为 2011 年，虽然历史不长，但发展速度相当快，INAPA 是东盟最大的汽车零部件、配件、设备、服务为一体的展览会。这是一个优秀的采购平台，吸引了整个汽车产业链的汽车制造商、经销商和维修厂商、汽车护理服务中心等优质买家。展会受到印度尼西亚工业部、国家政府、贸易部、出口发展部的支持。INAPA 作为东盟地区首屈一指的汽车工业平台，将持续为该领域的专业采购团体和生产企业提供更多发展商机。

4. 拉丁美洲（巴拿马）国际汽配展（Latin AutoParts Expo）

时间：2020 年 11 月 17 日—20 日

地点：巴拿马

主办方：Latin Expo Group

周期：一年一届

展会概况：展会是拉丁美洲唯一专注于汽车售后市场、汽车保养维修及相关产品服务的展会。该展致力于拉丁美洲、加勒比地区这块广阔的汽配市场，在展商和买家之间创立一个沟通平台，促进地区间行业贸易交流。自 2010 年起，组委会拉丁美洲展览集团（Latin Expo Group）就在巴拿马当地举办了拉丁美洲加勒比轮胎展，凭借良好的买家宣传及专业的展会运营，该展的展会面积增幅达到了 80%，展商持续参展率更是超过95%，成为中国汽配出口企业进军拉美市场的重要入口。

5. 德国（汉诺威）国际商用车展（IAA）

时间：2020 年 9 月 24 日—10 月 1 日

地点：汉诺威

主办方：德国汽车工业协会

周期：两年一届

展会概况：IAA 是德国历史最长的展览，第 1 届于 1897 年在柏林举办。1947 年和 1949 年，德国的汽车和配件制造商参加了在汉诺威举办的出口博览会。1951 年 4 月，IAA 展第 1 次在法兰克福举办，吸引了 57 万名参观者。仅 6 个月后，又在柏林举办了一届，参观者达 29 万人次。从第 35 届开始，IAA 展告别了它的传统举办城市柏林，重回莱茵河畔的法兰克福，并从此每两年举办一届。

（四）全球行业展一览

汽摩配行业展见表 6-12。

表 6-12　汽摩配行业展

类型	序号	展会名称	地点	周期
综合汽配展	1	印度（新德里）国际汽配展 AUTO EXPO	新德里	两年一届
	2	巴基斯坦（拉合尔）国际汽摩配展 Pakistan Auto Show	拉合尔	一年一届
	3	埃塞俄比亚（亚的斯亚贝巴）汽配展 Auto Expo Africa Ethiopia	亚的斯亚贝巴	一年一届
	4	法兰克福（利雅得）国际汽车零配件及售后服务展 Automechanika Riyadh	利雅得	一年一届

第六章 核心行业、组展公司及展览分布

(续)

类型	序号	展会名称	地点	周期
综合汽配展	5	鞑靼斯坦（喀山）国际汽车零配件展 TIAF supported by Automechanika	喀山	一年一届
	6	危地马拉（危地马拉城）国际汽配展 EXPO MOTRIZ	危地马拉城	一年一届
	7	阿尔及利亚（阿尔及尔）国际汽配展 Equip Auto Algeria	阿尔及尔	一年一届
	8	法兰克福（胡志明）国际汽车零配件及售后服务展 Automechanika HO CHI MINH CITY/Motorcycle Expo Ho Chi Minh City	胡志明	一年一届
	9	瑞士（日内瓦）车展 GIMS	日内瓦	一年一届
	10	日本（东京）国际汽配展 IAAE	东京	一年一届
	11	孟加拉（达卡）国际汽配展 Dhaka Autoparts Show	达卡	一年一届
	12	印度尼西亚（雅加达）国际汽配、轮胎、双轮车、商用车展 INAPA	雅加达	一年一届
	13	法兰克福（伊斯坦布尔）国际汽配及售后服务展 Automechanika Istanbul	伊斯坦布尔	一年一届
	14	泰国（曼谷）国际汽配展 TAPA	曼谷	两年一届
	15	法兰克福（阿斯塔纳）国际汽配展 KIAE	阿斯塔纳	一年一届

（续）

类型	序号	展会名称	地点	周期
综合汽配展	16	秘鲁（利马）国际汽配展 EXPOMECáNICA & AUTO PARTS	利马	一年一届
	17	尼日利亚（拉各斯）国际汽配展 Lagos motor fair & Nigeria autoparts expo	拉各斯	一年一届
	18	巴西（库里蒂巴）国际汽配展 AUTOPAR 2020	库里蒂巴	两年一届
	19	乌克兰（基辅）国际汽车工业展 SIA	基辅	一年一届
	20	北美（底特律）国际车展高科技汽车博览会 North American International Auto Show	底特律	一年一届
	21	法兰克福（迪拜）国际汽配展 Automechanika Dubai	迪拜	一年一届
	22	哥伦比亚（麦德林）国际汽车零部件展 Feria Autopartes	麦德林	两年一届
	23	越南（河内）国际汽摩工业展 VIETNAM AUTOEXPO	河内	一年一届
	24	菲律宾（马尼拉）国际汽配展 PHILAUTO	马尼拉	一年一届
	25	拉丁美洲（巴拿马）国际汽配展 Latin Auto Parts Expo	巴拿马	一年一届
	26	肯尼亚（内罗毕）国际汽配展 Kenya AutoExpo	内罗毕	一年一届
	27	法兰克福（墨西哥）国际汽配展 INA PAACE Automechanika Mexico City	墨西哥城	一年一届

(续)

类型	序号	展会名称	地点	周期
综合汽配展	28	柬埔寨国际汽配展 Cambodia Int'l Auto Parts & Accessories Exhibition	柬埔寨	一年一届
	29	法兰克福（莫斯科）国际汽配展 MIMS Automechnika Moscow	莫斯科	一年一届
	30	俄罗斯（莫斯科）国际汽配展 INTERAUTO CROCUS EXPO	莫斯科	一年一届
	31	厄瓜多尔（基多）国际汽配展 expomecanica	基多	一年一届
	32	加纳（阿克拉）国际汽配展 Ghana Motor Show	阿克拉	一年一届
	33	法兰克福国际汽车零配件及售后服务展 Automechanika	法兰克福	两年一届
	34	缅甸（仰光）国际汽配展 Auto expo myanmar	仰光	一年一届
	35	摩洛哥（卡萨布兰卡）汽配展 Morocco Automotive Technologies	卡萨布兰卡	一年一届
	36	哈萨克斯坦（阿拉木图）国际汽配展 Atakent Expo	阿拉木图	一年一届
	37	韩国（仁川）国际汽车零部件展 KOAA SHOW	仁川	一年一届
	38	波兰（凯尔采）国际汽配展 Poland Auto part & Accesorry Expo	凯尔采	两年一届
	39	美国（拉斯维加斯）国际汽配展 AAPEX	拉斯维加斯	一年一届
	40	伊朗（德黑兰）国际汽配展 International Iran Auto Parts Show	德黑兰	一年一届

(续)

类型	序号	展会名称	地点	周期
综合汽配展	41	坦桑尼亚（达累斯萨拉姆）国际汽配展 AutoExpo Africa	达累斯萨拉姆	一年一届
	42	智利（圣地亚哥）国际汽车及零部件展 CHILE INTERNATIONAL AUTOMOTIVE SALON	圣地亚哥	一年一届
	43	法兰克福（布宜诺斯艾利斯）国际汽配及售后服务展 Automechnika Buenos Aires	布宜诺斯艾利斯	两年一届
	44	斯里兰卡（科伦坡）国际汽配展 Colombo Motor Show	科伦坡	一年一届
	45	埃及（开罗）国际汽车工业展 Autotech formula	开罗	一年一届
汽车制造设备展	1	日本（东京）国际汽车零部件加工展 Automotive Components Processing Technology Expo	东京	一年一届
	2	印度（新德里）国际汽车制造设备技术展 Automotive Engineering Show New Delhi	新德里	一年一届
	3	泰国（曼谷）国际汽车生产制造展 Automotive Manufacturing	曼谷	一年一届
	4	印度（金奈）国际汽车制造设备技术展 Automotive Engineering Show Chennai	金奈	一年一届
OEM	1	美国（底特律）国际汽配展 SAE World Congress Experience	底特律	一年一届

（续）

类型	序号	展会名称	地点	周期
OEM	2	欧洲（斯图加特）国际汽车零部件OEM及汽车发动机零部件展 Global Automotive Components and Suppliers Expo	斯图加特	一年一届
专业商用车展	1	印度尼西亚（雅加达）国际商用车展 IIBT	雅加达	一年一届
专业商用车展	2	美国中部（路易斯维尔）国际卡车展 MATS	路易斯维尔	一年一届
专业商用车展	3	加拿大（多伦多）国际卡车展 Truck World	多伦多	两年一届
专业商用车展	4	英国（伯明翰）国际商用车展 CMMERCIAL VEHICLE SHOW	伯明翰	一年一届
专业商用车展	5	澳大利亚（墨尔本）国际商用车展 ITTES	墨尔本	两年一届
专业商用车展	6	德国（汉诺威）国际商用车展 IAA	汉诺威	两年一届
专业商用车展	7	俄罗斯（莫斯科）国际客车展 Busworld Moscow	莫斯科	两年一届
专业商用车展	8	泰国（曼谷）国际商用车展 Bus&Truck	曼谷	一年一届
专业改装车展	1	日本（东京）国际改装车展 TOKYO AUTO SALON	东京	一年一届
专业改装车展	2	中东（沙迦）国际改装车展 MEMTS	沙迦	一年一届
专业改装车展	3	泰国（曼谷）国际改装车展 BIAS	曼谷	一年一届
专业改装车展	4	韩国（首尔）国际汽车工业展 Automotive week	首尔	一年一届

(续)

类型	序号	展会名称	地点	周期
专业改装车展	5	美国（拉斯维加斯）国际改装车展 SEMA SHOW	拉斯维加斯	一年一届
	6	德国（埃森）国际改装车展 ESSEN MOTOR SHOW	埃森	一年一届
专业轮胎展	1	阿尔及利亚（阿尔及尔）国际汽配展（轮胎区） Equip Auto Algeria	阿尔及尔	一年一届
	2	印度尼西亚（雅加达）国际橡胶及轮胎展 Tyre & rubber	雅加达	一年一届
	3	南非（约翰内斯堡）国际轮胎展 Tyrexpo Africa	约翰内斯堡	两年一届
	4	俄罗斯（莫斯科）国际轮胎和橡胶展 Tires & Rubber	莫斯科	一年一届
	5	法兰克福（迪拜）国际汽配展（轮胎区） Automechanika Dubai	迪拜	一年一届
	6	德国（科隆）国际轮胎展 The tire cologne	科隆	两年一届
	7	拉丁美洲（巴拿马）国际轮胎展 Latin American &Caribbean Tyre Expo	巴拿马	一年一届
	8	越南（河内）国际轮胎和橡胶展 Rubber and Tyre Vietna	河内	一年一届
	9	巴西（圣保罗）国际轮胎展 Expobor & Pneu show	圣保罗	两年一届
	10	菲律宾（马尼拉）国际汽配展（轮胎区） PHILAUTO	马尼拉	一年一届
	11	法兰克福国际汽车零配件及售后服务展（轮胎区） Automechnika	法兰克福	两年一届
	12	波兰（凯尔采）国际汽配展（轮胎区） Poland Rubber and Tyre Expo	凯尔采	两年一届

（续）

类型	序号	展会名称	地点	周期
专业双轮车展	1	土耳其（伊斯坦布尔）国际两轮车展 MotoBike Istanbul	伊斯坦布尔	一年一届
	2	大阪自行车 OSAKA MOTORCHYCLE SHOW	大阪	一年一届
	3	伦敦自行车展 londonbike	伦敦	一年一届
	4	印度尼西亚（雅加达）国际双轮车展 Inabike	雅加达	一年一届
	5	越南（胡志明）国际汽车摩托车及零配件展 AUTOTECH & ACCESSORIES	胡志明	一年一届
	6	南非（约翰内斯堡）摩托车展 South Africa Bike Festival	约翰内斯堡	一年一届
	7	美国（哥伦布）国际两轮车展 AIMExpo	哥伦布	一年一届
	8	意大利（米兰）国际双轮车展 EICMA Motor Expo	米兰	一年一届
	9	德国（科隆）双轮车展 INTERMOT	科隆	两年一届
	10	墨西哥（墨西哥城）国际摩托车及零配件展 Expo Moto	墨西哥城	一年一届

（六）资料来源

嘉诺会展

网址：www.jrexpo.com

二维码

嘉诺会展是一家持续专注于"以会展为企业营销与品牌赋能"的大型会展公司。该公司针对不同企业所处的发展阶段，提供多样化的会展综合服务，从会展营销到品牌体验，再到构建文化影响力，致力于"让会展强大每一家企业"。

嘉诺会展长期为中国企业走向国际舞台提供一站式会展综合服务。和法兰克福展览有限公司、杜塞尔多夫展览有限公司、英国励展博览集团等国际展览公司在全球70多个国家展开合作，为中国企业提供最便利的市场切入机会，让企业开拓海外市场更为轻松有效。该公司以市场咨询为起点，涵盖展位申请、商旅出行、展品物流、展台设计、活动策划、品牌体验。一站式菜单服务以及全球化网络覆盖使得嘉诺会展成为企业"借展出海"的首选合作伙伴。

借助于互联网科技的发展势能，嘉诺会展正在用互联网技术提升自身的服务能力，并不断优化客户体验。目前嘉诺是浙江省内首家获得"国家级高新技术企业"称号的会展公司，公司正在逐步构建数字化服务平台，不断探索更便捷、更优质的客户服务。

十三、暖通

（一）行业概况

全球暖通市场具有成长潜力。2018年，全球家庭空调渗透率为45.6%。

经济发达地区，如北美、东亚、中东部分国家、澳大利亚等渗透率更高。北美过去几年有着不可忽视的市场地位，随着美国房地产市场的恢复，人们对于房屋的需求也不断增加。多种信息渠道反映了庞大的暖通、卫浴及建材产品旺盛的需求，这一点在 2019 年美国建材及建筑展上通过展会人气足以证明。预计未来仍将保持稳定发展，并且美国的变化将对全球暖通市场的发展产生重要影响。北美以中央空调为主，其他地区以家用空调为主。西欧地区温度逐年升高，但存量房安装空调受到高昂的人工成本及严格的物业管理限制，空调渗透率不高。此外，亚太市场越来越驱动全球市场发展，特别是得益于中国、印度及东南亚国家的快速增长。由于东南亚经济快速发展，人口众多，气候炎热，空调市场正进入成长期。"一带一路"倡议也带动了沿线国家对该行业的需求。比如波兰一直致力于基础设施建设和房屋改造计划。绿色环保节能是该行业未来发展的主题。

（二）重点展会

1. 美国建材及建筑展（IBS）

时间：2021 年 2 月 9—11 日

地点：美国拉斯维加斯国际展览中心

主办方：全美住宅建造商协会

展会概况：2019 年，第 75 届展会参观人数超过 10 万人，展商超过 2000 家，展览净面积达到 10 万平方米，是北美住宅建筑行业最大的展览会。中国展商有 350 家，展出面积约 4500 平方米。

2. 俄罗斯国际供暖、通风及空调和环保展（AQUA-THERM）

时间：2021 年 2 月 2—5 日

地点：俄罗斯莫斯科 Crocus 会展中心

主办方：励展博览集团俄罗斯公司

展会概况：2019 年，第 23 届展会参观人数约 3 万人，有来自 38 个国家超过 800 家参展商，展出面积达到 4 万平方米。超过 150 家中国企业参加了该展会，参展面积近 2000 平方米。该展会是整个中东欧地区最大、最专业的供暖通风制冷的行业盛会。

（三）全球行业展一览

暖通行业展见表6-13。

表6-13 暖通行业展

序号	展会名称	地点	周期
1	美国国际制冷、供暖、通风及管泵和环保展 AHR	奥兰多	一年一届
2	俄罗斯国际供暖、通风及空调和环保展 AQUA-THERM	莫斯科	一年一届
3	乌兹别克斯坦国际供暖、通风及空调和环保展 AQUA-THERM VIB	塔什干	一年一届
4	英国国际厨房及卫浴展 KBB	伯明翰	两年一届
5	俄罗斯国际建筑建材、卫浴展 MOSBUILD	莫斯科	一年一届
6	白俄罗斯国际水处理及暖通展 WATER & HEAT	明斯克	一年一届
7	意大利国际供暖、通风及卫浴展 MCE	米兰	两年一届
8	捷克国际供暖、通风及空调和环保展 AQUA-THERM PRAHA	布拉格	两年一届
9	乌克兰国际供暖、空调、管泵及环保展 AQUA-THERM KIVE	基辅	一年一届
10	哈萨克斯坦国际供暖、通风及空调、管泵和环保展 AQUA-THERM ALMATY	阿拉木图	一年一届

（续）

序号	展会名称	地点	周期
11	墨西哥国际空调、暖通及制冷展 AHR EXPO-MEXICO	瓜达拉哈拉	两年一届
12	土耳其安卡拉暖通建材展 SODEX ANKARA	安卡拉	两年一届
13	巴基斯坦国际暖通、空调机制冷展 RAHEXPO	卡拉奇	一年一届
14	阿塞拜疆国际供暖、通风及空调、管泵和环保展 AQUA-THERM BAKU	巴库	一年一届
15	斯洛伐克国际供暖、通风及空调、卫浴和环保展 AQUA-THERM-NITRA	尼特拉	两年一届
16	德国法兰克福国际卫浴展 ISH	法兰克福	两年一届
17	土耳其国际制冷、暖通及水处理设备博览会 ISK-SODEX	伊斯坦布尔	两年一届
18	法国国际卫浴展 IDEOBAIN	巴黎	两年一届
19	法国国际暖通、空调、制冷展 INTERCLIMA + ELEC	巴黎	两年一届

（四）资料来源

北京恒立伟业国际展览有限公司

网址：www.heliview.cn

北京恒立伟业国际展览有限公司自 2006 年成立以来，一直致力于展览资源的开发和推广，目前代理全球展览项目超过 130 个。该公司自 2007 年就开始涉足中东欧地区的展览会，包括波兰、捷克、俄罗斯、乌克兰等国家，是中国企业最早进入这些地区开展经贸活动的推广单位之一。公司在暖通、卫浴及建材，安防等领域从事国际展览会的组织工作超过14年，具有丰富的展览组织经验。部分展览项目的组展规模较大，具有一定的影响力。

十四、婴童用品

（一）行业概况

近年来，我国婴童用品产值规模以年均20%左右的速度大幅增长。据中国轻工业联合会统计，全行业生产企业超过2000家，产品销往200多个国家和地区，生产销售总量持续保持全球第一。以玩具为例，我国早已成为全球最大的玩具制造国和出口国，占美国市场的65%、欧盟市场的50%以上。

随着世界各地人们生活水平不断提高，母婴用品在生活领域的需求量不断扩大。其中，澳大利亚、中国、印度、英国、美国、哥伦比亚等多个国家对母婴用品的需求较大。

母婴零售渠道的数据显示，增长最快的是营养品、休闲食品；其次是纸尿裤、辅食、童装、用品和玩具。谷歌趋势发布了2020年选品攻略，其中母婴用品市场或将出现如下消费新趋势。婴儿背带（Baby Carriers）：婴儿背带已经成为父母们的流行选择，更方便携带。吸管杯（Sippy Cups）：吸管杯已经成为一种热门的商品，在经历了2008年和2015年的两次增长后得以稳步增长。儿童床上用品（Nursery Bedding）：婴儿裹毯、儿童毛毯、儿童床品套装，都将可能成为2020年增长的趋势产品。

（二）重点展会

1. 德国婴幼儿童用品展（Kind + Jugend）

时间：2020年9月17—20日

地点：德国科隆展览中心

主办方：德国科隆博览会有限公司

展会概况：2019 年，有来自超过 49 个国家的超过 1300 家公司参加了展会，中国参展商超过 643 家企业；展会共吸引了来自 133 个国家约 2.4 万名观众，比上年增长了 10%。

2. 俄罗斯儿童大世界展（Mir Detstva）

时间：2020 年 9 月 22—25 日

地点：莫斯科展会中心

主办方：EXPO CENTER 展览公司

展会概况：2019 年展会共有来自 28 个国家的 528 家参展商，1.7 万名观众。

3. 日本（夏季）婴幼儿童用品展（Baby & Kids）

时间：2020 年 7 月 8—10 日

地点：日本东京国际展览中心

主办方：英国励展博览集团

展会概况：300 多家展商，参观人数 8 万人。

（三）全球行业展一览

婴童用品行业展如表 6-14 所示。

表 6-14 婴童用品行业展

序号	展会名称	地点	周期
1	伊斯坦布尔国际孕婴童用品展 CBME Turkey	伊斯坦布尔	一年两届
2	纽伦堡国际玩具展 Spielwarenmesse	纽伦堡	一年一届
3	波兰婴童用品展 Kid's Time	凯尔采	一年一届
4	中东（迪拜）办公文具展 Paperworld MiddleEast	迪拜	一年一届

（续）

序号	展会名称	地点	周期
5	美国 JPMA 婴童展 JPMA BABY SHOW	达拉斯凯贝利	一年一届
6	伊斯坦布尔国际孕婴童用品展 CBME Turkey	伊斯坦布尔	一年两届
7	英国哈罗盖特国际婴幼儿展 Harrogate International Nursery Fair	哈罗盖特	一年一届
8	日本（夏季）婴幼儿童用品展 Baby & Kids	东京	一年一届
9	巴西婴童用品展 Pueri Expo	圣保罗	一年一届
10	印度孕婴童用品展 CBME India	孟买	一年一届
11	印尼孕婴童用品展 CBME Indonesia	雅加达	一年一届
12	德国婴幼儿童用品展 Kind + Jugend	科隆	一年一届
13	俄罗斯儿童大世界展 Mir Detstva	莫斯科	一年一届
14	越南国际孕婴童展 Vitebaby	河内	一年两届
15	华沙婴童玩具展 Toys & Kids	华沙	一年一届
16	印尼孕婴童展 Indonesia Maternity Baby & Kids Expo	雅加达	一年一届

（四）资料来源

上海逸岚会展

网址：www.yilanwin.com

二维码

上海逸岚会展是专业的 B2B 展览公司，是中国领先的境外参展服务商、境内展会组织方、展台搭建服务商，以"让全球贸易更繁荣"为愿景，致力于促进地区和行业的贸易发展。该公司成立于 2010 年，截至目前，成立了四大事业部，分别为母婴、零售、设计、展览展厅设计搭建事业部，秉持专业、极致的服务理念，在每个细分市场中争取做到行业第一。在 2019 年的德国 Kind + Jugend 上，逸岚作为国内最大的代理商，共组织了 130 家企业参展，组团人数超过 300 名。

十五、食品

（一）行业概况

全球人口增长及城镇化进程加速将带来 60%～70% 的全球食品需求增长。由于中产阶级增速高于全球人口增长，将为食品需求带来更大影响。从国家角度来看，发达国家将继续寻求高质量食品供应；新兴国家将从消费初加工产品向深加工食品转变。发达国家人口老龄化进程将带来对特定食品的需求。

欧盟是中国食品出口的主要市场。欧盟针对食品安全问题，不断提出日益严格复杂的法律法规和市场准入制度。其中，欧盟食品和饲料快速预警系统（RASFF），主要是针对各成员国内部由于食品不符合安全要求或标识不准确等原因引起的风险和可能带来的问题及时通报各成员国，使消费者避开风险的一种安全保障系统。目前，欧盟通常在口岸和市场两个环节对食品接触产品进行查验抽测，若结果不合格，则立即采取相关措施（如拒绝入境、召回、下架、销毁等），并同时通过欧盟 RASFF 通告参与该系统的所有成员国，以及不合格产品出口国。企业出口前应多了解各国的相关规则。

（二）重点展会

1. 德国国际食品展（ANUGA）

时间：2021 年 10 月 9—13 日

地点：德国科隆

主办方：德国科隆博览会有限公司

展会概况：上届展览面积 28 万平方米，参展商数量 7405 家。

2. 巴黎国际食品展（SIAL）

时间：2020 年 10 月 18—22 日

地点：法国巴黎

主办方：法国高美爱博展览集团

展会概况：上届展览面积 25 万平方米，参展商 7339 家，观众 31 万名；中国展团面积 5889 平方米，企业 612 家。

3. 智利国际食品展（ESPACIO FOOD SERVICE）

时间：2019 年 9 月 10—12 日

地点：智利圣地亚哥

主办方：Espacio Riesco

展会概况：上届展览面积 2.2 万平方米，参展商 700 家，观众 1 万名；中国企业 18 家，面积 162 平方米。

4. 加拿大国际食品展（SIAL Canada）

时间：2020 年 9 月 29 日—10 月 1 日

地点：加拿大蒙特利尔

主办方：法国爱博国际展览集团

展览概况：上届展览参展商数量 1010 家，观众数量 2.5 万名。

5. 韩国食品及酒店用品展（SEOUL FOOD & HOTEL）

时间：2020 年 7 月 14—16 日

地点：韩国首尔

主办方：大韩贸易投资振兴公社

展览概况：上届展览面积 7.6 万平方米，参展商 1500 家，观众数量：5.5 万名；中国展团面积 1683 平方米，参展企业 187 家。

6. 越南国际食品展（Vietfood & Beverage）

时间：2020 年 8 月 13—15 日

地点：越南胡志明市

主办方：越南工贸部贸易广告博览公司（VINEXAD）

展览概况：上届展览面积 1.5 万平方米，观众数量 1.7 万名。

7. 菲律宾国际食品展（WORLD FOOD EXPO）

时间：2020 年 8 月 5—8 日

地点：菲律宾马尼拉

主办方：Wofex Inc.

展览概况：上届展览面积 2.5 万平方米，参展商 1500 家，观众数量 5 万名；中国展团面积 600 多平方米，参展企业 62 家。

8. 乌兹别克斯坦食品展（UzProdExpo）

时间：2020 年 11 月 27—29 日

地点：乌兹别克斯坦塔什干

主办方：乌兹别克斯坦展览公司（IEG Uzbekistan）

展览概况：参展商约 120 家，观众数量 6000 名。

（三）全球行业展一览

食品行业展见表 6-15。

表 6-15 食品行业展

序号	展会名称	地点	周期
1	俄罗斯国际食品展 PROD Expo	莫斯科	一年一届
2	日本超市贸易展 Supermarket Trade Show	东京	一年一届
3	中东海湾食品展 Gulfood Expo	迪拜	一年一届
4	日本国际食品展 Gulfood Expo	千叶幕张	一年一届
5	墨西哥食品展 Expo ANTAD & ALIMENTARIA	瓜达拉哈拉	一年一届
6	新加坡国际食品及酒店展 FHA	新加坡	两年一届
7	印度国际食品展 AAHAR	新德里	一年一届
8	巴西国际食品饮料展 ANUFOOD Brazil	圣保罗	一年一届
9	加拿大国际食品展 SIAL Canada	蒙特利尔	一年一届
10	菲律宾国际食品展 Philippine Food Expo	马尼拉	一年一届
11	西班牙国际食品展 Alimentaria	巴塞罗那	两年一届
12	美国酒水展 WSWA	奥兰多	一年一届
13	韩国食品及酒店用品展 SEOUL FOOD & HOTEL	首尔	一年一届
14	荷兰自有品牌展 World Private Label Expo	阿姆斯特丹	一年一届
15	泰国国际食品展 THAIFEX	曼谷	一年一届

（续）

序号	展会名称	地点	周期
16	西非尼日利亚食品展 Food and Beverage	拉各斯	一年一届
17	美国优质夏季食品展 Summer Fancy Food Show	纽约	一年一届
18	伊朗食品饮料展 Iran food + bev tec	德黑兰	一年一届
19	巴西食品展及烘焙展 FIPAN	圣保罗	一年一届
20	马来西亚国际食品展 MIFB	吉隆坡	一年一届
21	越南国际食品展 Vietfood & Beverage	胡志明	一年一届
22	菲律宾国际食品展 WORLD FOOD EXPO	马尼拉	一年一届
23	秘鲁国际食品展 Expoalimentaria	利马	一年一届
24	马来西亚国际食品饮料展 FHM Malaysia	吉隆坡	一年一届
25	印度食品博览会 SIAL India	新德里	一年一届
26	澳大利亚食品展 Fine Food Australia	悉尼	一年一届
27	土耳其食品展 WORLDFOOD ISTANBUL	伊斯坦布尔	一年一届
28	俄罗斯国际食品展 WORLDFOOD MOSCOW	莫斯科	一年一届

（续）

序号	展会名称	地点	周期
29	智利国际食品展 ESPACIO FOOD SERVICE	圣地亚哥	一年一届
30	迪拜糖果展 PRIME	迪拜	一年一届
31	巴黎国际食品展 SIAL	巴黎	一年一届
32	芝加哥自有品牌展 U.S. Private Label Trade Show	芝加哥	一年一届
33	哈萨克斯坦食品展 WorldFoodTech	阿拉木图	一年一届
34	印度尼西亚食品展 SIAL	雅加达	一年一届
35	乌兹别克斯坦食品展 UzProdExpo	塔什干	一年一届
36	韩国食品博览会 World Food Expo	首尔	一年一届
37	北非摩洛哥食品展 MOROCCO FOODEXPO	卡萨布兰卡	一年一届
38	德国国际食品展 ANUGA	科隆	两年一届
39	英国伦敦国际食品饮料展 International Food & Drink Event	伦敦	两年一届
40	米兰国际食品展 TUTTO Food	米兰	两年一届
41	西班牙零食坚果展 SNACKEX	巴塞罗那	一年一届

(四)资料来源

北京引企成国际会展有限公司

网址：www.bjyqc.com

二维码

引企成会展成立于 2008 年，主要提供行业知名国际展览会的参展、参观、签证咨询、地接、展品运输、海外市场推广等服务业务及咨询业务。引企成会展业务遍布全球，分别在欧洲、北美洲、拉丁美洲、非洲及亚洲等地成功承办过食品饮料、水产品、配料添加剂、果蔬、休闲食品、食品包装及机械设备、美容美妆、汽配、酒店用品、畜牧等行业展览会，其组团人数达到相当大的规模。其中食品行业优势最为突出。

十六、金属加工、工程机械

(一) 行业概况

汽车、机械、电子等行业的迅速发展，带动了金属加工行业发展。中国不仅以 2400 万吨左右的铸件年产量位居全球首位，成为世界铸造大国，而且中国金属加工业的区域特色也十分鲜明，已形成了"长三角"地区、山东、河南、广东等地的金属加工产业集群。

金属加工机床作为机床中的重要大类，在全球机床产品分布中占到了五成以上。海关数据显示，2019 年 1—11 月，我国金属加工机床累计出口 820 万台，同比下降 2.3%。1—11 月铣床出口累计同比下降 67.4%。

11月金属加工机床进口4381台，同比下降14.1%。1—11月累计进口51181台。

中国工程机械企业数量从改革开放之初的几百家发展到2000余家，企业规模从名不见经传的地方小企业发展到在国际上拥有重要影响力的跨国企业集团，销售收入从几十亿元发展到超5000亿元。如今，中国工程机械行业已经形成了完整的制造业体系，包括20大类、109组、450种机型、1090个系列、上万个型号的产品设备。中国已成为工程机械产品类别、产品品种最齐全的国家之一，同时其市场销售量与销售额也赶超美国和日本，成为世界最大的市场。此外，国内龙头企业在国外市场占有率不断提升。

在国家倡议的带动下，"一带一路"已成为中国工程机械的重要出口市场，部分工程机械企业海外出口的70%以上来自"一带一路"沿线市场，为企业顺利实现转型升级，更好地参与国际竞争提供了舞台。以徐工、三一、中联重科为代表的高端装备制造业龙头企业，目前已在"一带一路"沿线国家和地区有了较为完善的营销网络。据相关预测，未来10年"一带一路"相关重点国家基础设施建设至少达8000亿美元，为我国工程机械企业全面开拓海外市场创造了新机遇。

（二）重点展会

1. 德国慕尼黑国际建筑机械、建材机械、矿山机械、工程车辆及建筑设备博览会（bauma）

周期：三年一届

主办方：德国慕尼黑博览集团

展会概况：bauma始创至今已有50多年历史。其展品范围全面包括了全世界各类建筑机械、设备及工程用车和矿山机械，它不仅是国际建筑业界的商务贸易中心，同时也是世界各地建筑业者汇聚交流、获取信息、拓展联络的重要平台。

该展三年一届，知名度高。中国参展企业超过300家，面积超过2万平方米，徐工、柳工、三一重工、中联重科、山河智能、福田、南方路机等国内知名企业悉数参展，且上届参展面积大大超出以往。展品范围全面包括了全世界各类建筑机械、设备及工程用车和矿山机械。

2. 俄罗斯国际建筑及工程机械博览会（bauma CTT RTUSIA）

时间：2020年9月8—11日

地点：俄罗斯莫斯科

主办方：德国慕尼黑博览集团

展会周期：一年一届

展会概况：俄罗斯国际建筑及工程机械博览会是俄罗斯、中亚及东欧地区最大的专业行业展会。展会自1999年创办以来，已经成功举办了20届，已经发展成为国际名展。2017年，该展首次与德国慕尼黑博览集团合作，与bauma为同系列展览会。2018年展览面积达6.1万平方米，来自38个国家的557家参展商参展，观众人数达到2万人，其中中国参展单位超过110家。观众不仅来自俄罗斯，还有来自白俄罗斯、哈萨克斯坦和其他独联体国家。参展商主要来自俄罗斯、中国、德国、意大利、土耳其、芬兰、西班牙、韩国、白俄罗斯和比利时等。

3. 美国金属加工及焊接展（FABTECH FINISHING）

展会概况：美国金属加工及焊接展由美国精密成型协会等五大协会主办，起始于1981年，每年在芝加哥、亚特兰大和拉斯维加斯轮流举办一次，是北美较大、最专业、最有影响力的专业金属成型及冲压模具金属表面处理展览会，现已是整个北美地区较大的冲压、钣金和成型展览会。展会可以说是见证了美国金属成型行业的发展史。

4. 德国汉诺威金属板材加工技术展（EURO BLECH）

展会概况：德国汉诺威金属板材加工技术展会是世界上最大、最专业、最有影响力的金属板材加工展览会。经过40多年的不断发展，它已成为当今世界整个金属板材加工行业的顶级盛会。该展会每两年在德国汉诺威举办一届。上届吸引1505家参展企业，客商数量达到6.1万人，展会面积达到8.8万平方米。

（四）全球展会一览

金属加工、工程机械行业展见表6-16。

表 6-16 金属加工、工程机械行业展

届期	展会名称	日期	地点
金属加工、机床			
1	阿联酋国际金属制造展 STEEL FAB	沙迦	一年一届
2	印度国际机床工具展 IMTEX	班加罗尔	三年一届
3	墨西哥国际金属加工机械展 EXPOMAQ	莱昂	两年一届
4	阿根廷国际机床工业制造周展 FIMAQH	布宜诺斯艾利斯	两年一届
5	秘鲁国际机床及五金工具展 EXPOPERU INDUSTRIAL	利马	一年一届
6	印度国际金属制造展 AMTEX	新德里	两年一届
7	俄罗斯国际金属加工暨工业博览会 Metalloobrabotka	莫斯科	一年一届
8	美国机床机械制造技术展 IMTS	芝加哥	两年一届
9	土耳其国际机床和金属加工机械展 MAKTEK	伊斯坦布尔	两年一届
10	韩国国际机床展 SIMTOS	首尔	两年一届
11	越南国际制造技术与焊接展 METALEX VIETNAM	胡志明	一年一届
12	德国汉诺威金属板材加工技术展会 EURO BLECH	汉诺威	两年一届
13	马来西亚国际金属加工机械展 METALTECH	吉隆坡	一年一届
14	美国国际机床、焊接及切割技术展 FABTECH	拉斯维加斯	一年一届
15	埃及国际机床和金属加工机械展 MACTECH	开罗	一年一届

(续)

序号	展会名称	地点	周期
16	泰国国际机床及金属加工技术展 METALEX	曼谷	一年一届
17	日本国际机床展 JIMTOF	东京	两年一届
18	印度尼西亚国际机床及金属加工技术展览会 Manufacturing Indonesia	雅加达	一年一届
19	欧洲机床展 EMO	米兰	两年一届
工程机械			
1	肯尼亚东非工程、基础、建筑、能源展 CIBEX East Africa	内罗毕	一年一届
2	地中海国际工程机械及建材展 DIBAT	突尼斯	两年一届
3	美国国际工程机械博览会 CONEXPO-CON/AGG	拉斯维加斯	三年一届
4	蒙古国际矿业、工程机械与基础设施建设展 MONGOLIA MINING	乌兰巴托	一年一届
5	德国慕尼黑国际建筑机械、建材机械、矿山机械、工程车辆及建筑设备博览会 bauma	慕尼黑	三年一届
6	法国国际工程机械与建材机械博览会 INTERMAT PARIS	巴黎	三年一届
7	越南第5届工程机械及矿山机械展	河内	一年一届
8	土耳其国际工程机械展 KOMATEK	安卡拉	两年一届

（续）

序号	展会名称	地点	周期
9	俄罗斯国际建筑及工程机械博览会 bauma CTT RUSSIA	莫斯科	一年一届
10	巴西国际建筑机械及采矿贸易博览会 M&T Expo	圣保罗	三年一届
11	赞比亚国际矿业工程机械与工业博览会 CAMINEX	基特维	一年一届
12	菲律宾国际工程机械展	马尼拉/宿务/达沃	一年三届
13	斯里兰卡国际工程机械、矿山机械展 Construct exhibition	科伦坡	一年一届
14	印度尼西亚雅加达国际矿业、工程机械和建筑技术设备展 CONSTRUCTION INDONESIA	雅加达	一年一届
15	乌兹别克斯坦工程机械及矿业机械展 IEMCA	塔什干	一年一届
16	哈萨克斯坦工程机械及矿业设备展 KAZCOMAK	阿拉木图	一年一届
17	泰国国际工程机械展 INTERMAT ASEAN	曼谷	一年一届
18	伊朗国际工程机械与车辆、矿山、建材机械与天然石材贸易博览会 Iran ConMin	德黑兰	一年一届
19	阿曼国际基础建设装备及建筑建材展 INFRA OMAN	马斯喀特	一年一届
20	马来西亚国际工程机械、建材机械及矿山机械展 ASEANMACH	吉隆坡	一年一届

第六章 核心行业、组展公司及展览分布

(续)

序号	展会名称	地点	周期
21	拉丁美洲（智利）国际工程机械展 CONEXPO Latin America	圣地亚哥	两年一届
22	墨西哥国际工程机械展 EXPOCIHAC MEXICO	墨西哥	两年一届
23	南非国际建筑机械、建材机械、矿山机械及工程车辆展 bauma CONEXPO AFRICA	约翰内斯堡	三年一届
24	韩国国际工程机械展 CONEX KOREA	首尔	三年一届
25	乌兹别克斯坦国际矿山机械展 Miningworld	塔什干	一年一届
26	阿尔及利亚工程机械展 SITP	阿尔及尔	一年一届
27	澳大利亚国际工程机械展 NCEC	悉尼	一年一届
28	中东迪拜国际工程机械展 BIG 5 HEAVY	迪拜	一年一届
29	印度国际工程机械、建材机械、矿山机械及工程车辆展 bauma CONEXPO INDIA	新德里	两年一届
30	印度国际工程机械及技术展 Excon	班加罗尔	两年一届
31	巴基斯坦国际工程机械及建筑机械博览会 Build Asia	卡拉奇	一年一届

(四）资料来源

西麦克国际展览有限责任公司

网址：www.cmecexpo.com

二维码

西麦克国际展览有限责任公司（简称"西麦克展览公司"）源于 1953 年成立的第一机械工业部产品展览处。1978 年，我国第一家大型工贸公司中国机械设备进出口总公司（简称 CMEC，2011 年更名为中国机械设备工程股份有限公司）成立，1979 年，一机部产品展览处划转为 CMEC 展览办公室，1995 年，注册成立西麦克国际展览有限责任公司，成为 CMEC 的全资子公司，同时也是中国机械工业集团有限公司的成员单位。2016 年，国机集团整合旗下展览资源，西麦克展览公司成为中国机械国际合作股份有限公司的子公司。

西麦克展览公司认真贯彻"走出去"的国家战略，把握市场和行业趋势，以推动中国外贸经济的发展为己任，立足机械行业，以展促贸；主营出国展览，多元发展。西麦克展览公司现有五大主要业务：组团参加境外展览会、境内外主承办展览会、展览工程设计建造与运营、大客户定制服务和会议活动策划与运营。其中，主营出国展览业务，年主办、承办、组织项目 100 多个，涵盖工业、五金、印包塑机、制冷空调、汽配、工程机械、大型机械、电力照明、建材卫浴、泵阀及水处理等众多行业，并已形成系列化。

2012—2018 年，中国国际贸易促进委员会发布的《中国展览经济发展报告》显示，西麦克展览公司已连续 7 年蝉联全国组展项目数量排名榜首。60 多年来，西麦克展览公司带领中国的外贸企业与生产厂家走遍了全球 100 多个国家和地区的 300 多座城市，组织参加近 3000 次世界著名的专业展览会与综合博览会。

十七、化工

（一）行业概况

在过去的几年中，我国的化工行业有了较快的发展，出口也保持了一定幅度的增长。海关数据显示，2019 年中国化工产品进出口贸易总额为 3479 亿美元。化工产品种类繁多在很多化工领域，我国的产品产量和出口量都遥遥领先。我国的硫化染料是东南亚等国重要的硫化染料进口基地；颜料和染料在德国、瑞士、新加坡、埃及、伊朗、巴西、孟加拉国等国基本完全占据了这些国家的染料和颜料市场。

全球经济增速回落，对化工市场需求支撑减弱。化工行业面临复杂的外界环境，如贸易摩擦、保护主义、能源价格上涨、汇率波动等。专家指出，炼油、烯烃、芳烃、现代煤化工、化工新材料将是支撑全行业发展的重要领域。

（二）重点展会

1. 印度国际精细化工展（Chemspec India）

时间：2020 年 8 月

地点：印度孟买

主办方：Quartz Business Media 与印度 Chemical Weekly

展会概况：上届展会面积 1.5 万平方米，参展商 300 多家，观众 2 万名。其中包括近 70 家中国企业。

2. 巴西国际橡胶轮胎工业展（Recaufair Pneushow & Expobor）

时间：2020 年 9 月 23—25 日

地点：巴西圣保罗

主办方：Francal Feirase Empreendimentos Ltd.

展会概况：上届展会面积 1.7 万平方米，参展商 180 家，观众 1.8 万名。其中包括近 50 家中国企业。

3. 俄罗斯国际造纸展（PAP-FOR）

时间：2020 年 11 月 24—27 日

地点：俄罗斯圣彼得堡

主办方：英国励展博览集团

展会概况：上届展会面积 1.2 万平方米，参展商 190 家，观众 6000 名。其中包括 30 家中国企业。

（三）全球行业展一览

化工行业展见表 6-17。

表 6-17　化工行业展

序号	展会名称	地点	周期
1	美国国际精细及特种化学品展 Chemspec USA	纽约	一年一届
2	韩国国际精细化工展 FINE CHEMICAL of KOREA CHEN	高阳市	一年一届
3	韩国国际精细化工设备展 KOREA CHEN	高阳市	一年一届
4	印度国际精细化工展 Chemspec India	孟买	一年一届
5	印度国际化工设备展 Chemprotech India	孟买	一年一届
6	印度国际化工展 INDIA CHEM	孟买	两年一届
7	俄罗斯国际化工展 KHIMIA	莫斯科	一年一届
8	欧洲洗涤剂、化妆品及香水原料展 SEPAWA Congress	柏林	一年一届

(续)

序号	展会名称	地点	周期
9	土耳其国际化工展 Turkchem Eurasia	伊斯坦布尔	两年一届
10	土耳其国际化工设备展 ChemTech Eurasia	伊斯坦布尔	两年一届
11	东京国际制药工业技术博览周 INTERPHEX WEEK Japan	东京	一年一届
12	中东国际精细化工展 Middle East Fine & Specialty Chemical	麦纳麦	两年一届
13	日本国际化工展 INCHEM TOKYO	千叶	两年一届

（四）资料来源

中国化工信息中心

网址：www.expocncic.cn

二维码

中国化工信息中心（简称中国化信）的展览业务始于1991年，具有国家授权的举办国内外展览会的资格。中国化信作为全国化工行业的展览组织者，拥有一支国际化的展览组织、策划、招展、设计、运营专业人才队伍。中国化信的展览业务涉及综合化工、精细化工、化工安防、能源环保、化工材料（橡胶、染料、涂料及氟硅材料等）、石油化工、农业化工、造纸化工等领域，每年组织逾1000家中国企业参与全球化工行业相关展览及会议。在中国境内及越南、印尼、缅甸等"一带一路"沿线的重点市场都拥有化工类自主品牌展会。经过20多年的发展，中国化信的业务不断扩大，赢得了海内外客户的广泛赞誉和信赖，也在展览行业内建立起中国化信的品牌知名度，每年带领大批中国及东南亚企业参与国际知名展会，所组织的专业展览会遍及全球。

十八、石油天然气

（一）行业概况

当前，全球一次能源消费仍以石油天然气为主。把握社会经济发展的大背景和国际环境，是石油石化产业发展的战略前提，也是正确判断世界和中国石油石化工业走势和方向的基础。

在中国加入WTO前，高端石油装备制造的关键核心技术掌握在西方国家公司手中，我国缺乏大型成套高端石油装备的自主研发生产能力，绝大部分石油装备制造企业都在从事着低端产品生产。在2001年加入WTO后，按照中国石油"走出去"战略方针，中国石油装备制造业从亚非到欧美，从陆地到海洋，从低端到顶尖，从零部件到成套装备，从单一装备出口到供给解决方案，能力和水平都取得了飞速提升，在全球树立起"中国石油装备"品牌形象。中国石油制造业随着近几年的发展，逐渐在世界上站稳脚跟。

随着经济全球化进程的加速，发达国家与发展中国家的国际产业分工也出现了深化的趋势。以中国为代表的新兴市场国家依托较低的人力成本、良好的技术水平、配套生产优势和较高的产品性价比迅速抢占全球市场，国际市场占有率不断提高。目前，中国油气钻采装备从产能上是全球的制造大国，一些优秀的民营企业凭借良好的工艺和技术水平，正在快速向前发展，通过一些行之有效的宣传手段——例如参加世界知名的行业展会，主动参与国际竞争和交流，逐步获得了竞争的主动权，为后续的发展奠定了坚实的基础。

(二) 重点展会

1. 美国休斯敦石油天然气展（OTC）

展会概况：全球目前规模最大的石油行业展会，每年一届，始创于1969年，经过50多年石油天然气工业的新科技发展，目前已成为世界上在石油和天然气勘探、开采、生产和环境保护领域中最重要的专业展览会。

2. 俄罗斯莫斯科石油展

展会概况：展会每年一届，在莫斯科举办的石油展能吸引周边的俄语区国家相关行业人士前往参观，因而成为俄语区规模最大、最具影响力的石油展会。

3. 中东（阿布扎比）石油展

展会概况：阿布扎比为阿联酋最重要的产油区，得益于阿联酋作为中东贸易中心、金融中心、交通枢纽的地位及开放的对外政策，每年11月中旬的石油展已成为中东产油国当中规模最大、世界排名前3位的石油展。

4. 北非（阿尔及利亚）国际石油天然气展

展会概况：阿尔及利亚为非洲第一大国，同时是世界第六大天然气出口国。该国的能源行业贡献了30%以上的GDP，以及95%以上的出口收入。该国主办的石油展也是目前非洲规模最大的石油展，同样辐射到周边国家。

（三）全球行业展一览

石油天然气行业展见表6-18。

表6-18 石油天然气行业展

序号	展会名称	地点	周期
1	尼日利亚国际石油天然气装备展 SAIPEC	拉各斯	一年一届

（续）

序号	展会名称	地点	周期
2	印度国际石油天然气展 OIL & GAS WORLD EXPO	孟买	两年一届
3	俄罗斯国际石油天然气展 NAFTEGAZ	莫斯科	一年一届
4	菲律宾国际石油天然气展 OIL & GAS PHILIPPINES	马尼拉	一年一届
5	尼日利亚国际石油天然气展 NOG	阿布贾	一年一届
6	澳大利亚国际石油天然气展 APPEA	珀斯	一年一届
7	巴基斯坦国际石油天然气展 POGEE	拉合尔	一年一届
8	马来西亚国际石油天然气展 OTC ASIA	吉隆坡	两年一届
9	挪威北海国际海洋石油天然气展 ONS	斯塔万格	一年一届
10	北非（阿尔及利亚）国际石油天然气展 NAPEC	奥兰	一年一届
11	巴西国际石油天然气展 RIO OIL & GAS	里约	一年一届
12	泰国国际石油天然气展 OGET	曼谷	一年一届
13	俄罗斯能源、海事工业展 OMR	圣彼得堡	两年一届
14	俄罗斯天然气汽车与加气站设备展 GASSUF	莫斯科	一年一届
15	越南国际石油天然气展 OGAV	头顿	一年一届

(续)

序号	展会名称	地点	周期
16	缅甸国际石油天然气展 OGAM	仰光	一年一届
17	土库曼斯坦国际石油天然气展 OGT EXPO	阿什哈巴德	一年一届
18	中东（阿布扎比）石油展 ADIPEC	阿布扎比	一年一届
19	乌克兰国际石油天然气展 OIL & GAS	基辅	一年一届
20	美国休斯敦石油天然气展 OTC	休斯敦	一年一届

（四）资料来源

北京中展环球国际展览有限公司

网址：www.cewgroup.cn

中展环球是国内最早承办大型石油天然气展览会议及商务服务的专业展览公司，一直在海外展览会组织者中处于绝对领先地位。中展环球自2005年1月成立以来，在广大合作方的支持下，经营规模不断壮大，其足迹已遍布全球40多个国家和地区。如今的中展环球已多元化发展，涉足的展览行业包括石油、五金、紧固件、食品、电力、检测、家具、水处理、锅炉等多个行业；业务形式有海外展会代理、国内外自办展、中国政府在国外自办展的合作方，俄罗斯MVK展览公司驻中国办事处。经过多年的努力，中展环球真正发展成集海外展会代理及主办于一身的多元化发展的国际型展览公司。

该公司已连续 15 年组团美国 OTC、俄罗斯莫斯科石油展，连续 12 年作为中国总代理组织俄罗斯阀门展，连续 5 年作为中国总代理组织北非 NAPEC，连续多届以中国国家级代理身份组织国内企业参加挪威、英国以及中东等国家和地区的石油展。据不完全统计，15 年来已累计为 3000 家以上企业提供海外石油展服务，组展规模和组展经验在国内首屈一指。

十九、医疗

（一）行业概况

近年来，全球经济增长乏力，但是全球医疗器械市场整体呈稳步增长态势。就全球医疗器械市场的分布情况来看，欧美等发达国家和地区的医疗器械产业起步早，居民的收入水平及生活水平相对较高，对医疗器械产品的质量及服务要求较高，市场规模庞大、需求增长稳定。

随全球人口增长、人口老龄化程度提高，以及发展中国家经济增长，全球范围内医疗器械市场将持续增长。

美国是全球最大的医疗器械市场。医疗器械厂投入更多研发资源或扩大产品组合，并带动更活跃的产业并购发生。若美国决议废除 2.3% 的医疗器械消费税，将为整体医疗器械市场注入更多动能。

欧盟医疗器械新法（MDR 和 IVDR）的详细实行细节公告进展依旧缓慢，而 MDR 过渡期已过一半，2020 年 5 月起不再依照指令 MDD 核发证书。欲将产品于欧美上市的厂商，应随时关注、应对法规变革，避免影响产品上市时间。

（二）重点展会

1. 阿拉伯国际医疗设备展

时间：2021 年 2 月 1—4 日

地点：阿联酋迪拜

2. 韩国国际医院医疗设备实验室保健展

时间：2021 年 3 月 18—21 日

地点：韩国首尔

3. 世界医疗论坛国际展览会

时间：2020 年 11 月 16—19 日

地点：德国杜塞尔多夫

（三）全球行业展一览

医疗行业展见表 6-19。

表 6-19　医疗行业展

序号	展会名称	地点	周期
1	阿拉伯国际医疗设备展 ARAB HEALTH	迪拜	每年一届
2	韩国国际医院医疗设备实验室保健展 KIMES	首尔	每年一届
3	亚洲无纺布技术展 Non Woven Tech Asia	新德里	三年一届
4	东南亚国际医疗医药及保健展 SOUTHEAST ASIAN HEALTHCARE & PHARMA	吉隆坡	每年一届
5	哥伦比亚国际医院医疗设备实验室展 Meditech	波哥大	两年一届
6	印度金奈医院设备医疗用品展 medicall	金奈	每年一届
7	智利国际医院及临床实验室产品展 EXPO HOSPITAL	圣地亚哥	两年一届
8	菲律宾国际医疗设备及技术专业展 MEDICAL PHILIPPONED EXP	马尼拉	每年一届
9	孟加拉国际医疗医院实验室制药展 MEDITEX BANGLADESH	达卡	每年一届
10	美国佛罗里达国际医疗展 FIME	迈阿密	每年一届

（续）

序号	展会名称	地点	周期
11	波兰波兹南医疗医院展览会	波兹南	两年一届
12	马来西亚塑胶手套大会 IRGCE	吉隆坡	两年一届
13	亚洲新加坡国际医院诊断制药康复展 Medical Fair	新加坡	两年一届
14	巴基斯坦亚洲医疗健康展 HEALTH ASIA	卡拉奇	每年一届
15	阿根廷国际医疗及康复用品展 EXPOMEDICAL	布宜诺斯艾利斯	每年一届
16	北非摩洛哥医疗仪器设备及制药保健展 Medical Expo	卡萨布兰卡	每年一届
17	法国医疗医院设备及健康老人展 PARIS HEALTHCARE WEEK	巴黎	每年一届
18	墨西哥国际医疗器械及用品展 EXPOMED	墨西哥城	每年一届
19	塞尔维亚国际医疗实验室兽医制药展 MEDIDENT	贝尔格莱德	每年一届
20	印尼国际医疗设备医疗用品及实验室制药展 Hospital Expo	雅加达	每年一届
21	亚洲国际医疗机器械设备实验室展 Asia Health & MEDLAB Asia Pacific	曼谷	每年一届
22	世界医疗论坛国际展览会 MEDICA	杜塞尔多夫	每年一届
23	俄罗斯国际医疗实验室及制药康复展 ZDRAVOOKHRANENIYE	莫斯科	每年一届

（四）资料来源

北京中咨时代国际展览有限公司

网址：www.consultac.com.cn

二维码

北京中咨时代国际展览有限公司（简称中咨公司）是海内外知名的展会专业服务机构，为有志于开拓海外市场的中国医疗企业提供全方位的参展、参会服务。该公司每年为海内外客户提供全球 90 余个国家的 400 个专业医学展览会及 400 个专业医学会议，囊括了制药、实验室、兽医、牙科、康复保健、成人用品、骨科、麻醉疼痛、肿瘤科、妇产科、泌尿肾脏科、呼吸科、眼科、医学影像、重症监护、消化科、血液科、急诊急救科、心脑血管心脏病、内分泌、耳鼻喉科、风湿科、高血压、老年病科、内窥镜微创手术、皮肤科、听力、皮肤整形科、传染科、外科、儿科、肝胆胰腺、精神心理科、免疫科、内科、器官移植、烧伤科神经科、体检中心、心胸外科、性病学等专业。

中咨公司为企业打造的高水准的国际交流平台，使参展企业、参会机构取得了不同凡响的效果，树立了业内展会咨询行业首屈一指的优质专业品牌形象。该公司被国际性展览组织和跨国公司公认为中国最具影响力的展览服务机构，多年来被海内外客户誉为全球值得信赖的合作伙伴。

中咨公司把医疗行业按不同科室、科目进行细分，并选择出每个科目中影响力较大、较为专业的展会作为重点推荐给不同的企业。当企业茫然时，可以更方便选择最适合自己的展会。中咨公司也努力和主办方保持一个良好的合作关系，为出口企业争取到最大的便利和优惠，做好企业与境外主办方沟通的桥梁，让企业安心去境外参展。

二十、农业和农机

（一）行业概况

有数据显示，近5年全球农产品价格的下跌幅度在10%~40%之间，而近期全球的贸易争端加剧了商品价格的下跌，影响农民对作物种植的积极性及对农业生产资料的需求。

尽管农业行业的发展在低潮期，相关产业寻求新的增长也面临重重阻碍，颠覆性技术对农业的长期影响及能带来的革新还不甚明朗，但全球不断增长的人口和对粮食的需求让我们仍然相信农业拥有值得期待的未来，农业企业也有保持乐观的理由。也许在不久的将来，我们就将亲眼见证农业领域史无前例的技术革命，但在这个过程中，农业相关利益方可以做的事情确实还有很多。

影响全球农机市场需求的因素主要有经济前景、天气及需求。全球人口的快速增长，以及老旧设备的更新换代都对农机产品有较大需求。亚太地区是最大的农机需求市场，同时也是增长最快的市场，复合年增长率达7.9%。该增长将主要得益于快速发展的发展中国家（尤其是中国和印度）销售额增长的推动。这些发展中国家一直致力于农业领域的机械化，而其人口膨胀及强劲的经济增长给农业领域带来了日益增长的压力，也促使了农机销售量不断增长。此外，印度尼西亚、泰国、巴西和俄罗斯市场增速也较快，这些国家的政府正致力于推动农业机械化以提高粮食产量及生产率。

（二）全球行业展一览

农业和农机行业展见表6-20。

第六章 核心行业、组展公司及展览分布

表6-20 农业、农机行业展

序号	展会名称	地点	周期
1	伊朗国际农业展 IRANAGRISHOW	德黑兰	一年一届
2	美国国际农业展 FARM PROGRESS SHOW	布恩	一年一届
3	乌兹别克国际农业展 UZAGROEXPO	塔什干	一年一届
4	孟加拉农业展 AGRO TECH BANGLADESH	达卡	一年一届
5	哈萨克斯坦国际农业展 AGRITEK	努尔苏丹	一年一届
6	巴基斯坦农业展 AGRI EXPO	拉合尔	一年一届
7	摩洛哥国际农业展 SIAM	梅克内斯	一年一届
8	巴西国际农业展 AGRISHOW	圣保罗	一年一届
9	智利国际农业展 IFT AGRO	塔尔卡	一年一届
10	泰国国际农业展 AGRI TECHNICA ASIA	曼谷	两年一届
11	乌克兰国际农业展 AGRO	基辅	一年一届
12	新西兰国际农业展 FIELDDAYS	惠灵顿	一年一届
13	肯尼亚国际农业展 AGRITEC AFRICA	内罗毕	一年一届

(续)

序号	展会名称	地点	周期
14	南非国际农业展 AGRITECH	开普敦	一年一届
15	印度国际农业展 AGRITECH INDIA	班加罗尔	一年一届
16	哥伦比亚国际农业展 AGROFUTURO	波哥大	一年一届
17	柬埔寨国际农业展 AGRI CAMBODIA	金边	一年一届
18	澳大利亚农业展 AGQUIP	新南威尔士	一年一届
19	马来西亚国际农业展 AGRI MALAYSIA	吉隆坡	一年一届
20	印尼国际农业展 INAGRITECH	雅加达	一年一届
21	缅甸国际农业展 AGRICULTURE SHOW	曼德勒	一年一届
22	埃及国际农业展 SAHARA	开罗	一年一届
23	波兰国际农业展 AGRO SHOW	波兹南	一年一届
24	菲律宾国际农业展 AGRILINK	马尼拉	一年一届
25	日本农业及农化展 AGRI WEEK	千叶幕张	一年一届
26	俄罗斯国际农业展 YUGAGRO	克拉斯诺达尔	一年一届

（续）

序号	展会名称	地点	周期
27	阿尔及利亚国际农业展 SIMA	阿尔及尔	一年一届
28	越南国际农业展 GROWTECH	河内	一年一届
29	汉诺威国际农业机械展 AGRITECH	汉诺威	两年一届
30	意大利国际农业机械展 EIMA	博洛尼亚	两年一届
31	墨西哥国际农业展 AGROALIMENTARIA	伊拉普阿托	一年一届
32	土耳其安塔利亚国际农业展 GROWTECH	安塔利亚	一年一届

（三）资料来源

北京阳光麦道展览服务有限公司

网址：www.nongyezhan.org　　www.sunrisingexpo.org

二维码

北京阳光麦道展览服务有限公司（简称阳光麦道）成立于2009年，总部设在北京，是中国领先的农业展览出境服务供应商，是中国最专业的农业出境展览服务机构，下设全资子公司盛世阳光（北京）农业工程技术有限公司。阳光麦道专注农业出境展览服务十多年，"以客户需求为导向，

迅速对企业关注的市场焦点做出反应"的优质表现，精准的全球农业展览市场定位和良好的服务行业口碑，现已跻身中国农业出境展览服务行业前列，并成长为中国农业出境展览行业领导品牌。

专业专注农业出境展览服务的定位，同时阳光麦道致力于将互联网科技与传统出境展览服务相结合，为参展商提供最专业的"个性化"出境展览服务。行业全面覆盖八大板块：农业、农机、农化、灌溉、畜牧、粮食加工、园林机械、农产品等领域。公司为中国参展商提供高品质的"一站式"农业出境展览服务解决方案。

阳光麦道本着"积极发展全球化业务，有效地帮助企业拓展新的市场；为中国农业企业打入国际市场寻求最大效益"的服务宗旨，业务遍及全球近70个国家，目前已和世界众多展览会的组织机构建立了紧密的合作关系，包括来自意大利、德国、美国、英国、法国、巴西及中东的展览机构；得到了各国贸易组织、著名展览公司、各大主办方的信赖与鼎力支持，获得了众多世界知名展会在中国地区的独家代理权，为中国企业进一步开拓国际市场奠定了坚实的基础。

随着出境展览市场的发展和参展商需求的日益多元化，个性化参展正成为出境展览服务的方向。阳光麦道凭借对参展商需求的深刻洞察和服务品质的极致追求，在需求细分、展会资源、个性化服务等方面始终走在行业前列，并获得了广大参展商的支持与信赖。

第七章 关键的展览服务

第一节 如何选择靠谱的服务商

展览服务是指在展览全过程中主要为展览主办方、组展方、参展企业、观众等各方提供的服务。本书所讨论的出展服务主要是为展商提供的服务，包括展品运输服务、展示设计服务、展览搭建服务、展览会广告宣传服务、旅游服务等。出展服务的作用就是为赴国外参加展览会的展商提供一流的、专业的展会配套服务。

《进出口经理人》发布的"2019年外贸服务市场调查"显示，在2019年"被调查企业选择外贸服务商时的考虑因素"中，服务质量、价格、信誉、公司规模、服务商所在地、背景和运营时间的排序多年来未发生改变，其中，服务质量、价格、信誉一直是企业最看重的前三大因素，并且企业选择比例远远高于其他因素，本次选择比例分别为36.2%、27.8%和24.9%，与2018年相比变化不大（见图7-1）。在服务市场竞争日益激烈的当下，真正把握住企业需求，才能赢得牢固的市场地位。

对于参展企业来说，参加一场展会要付出大量的时间、金钱和精力，无论哪个环节出现纰漏，都会对参展效果产生重大影响，因此应谨慎选择展览服务商。

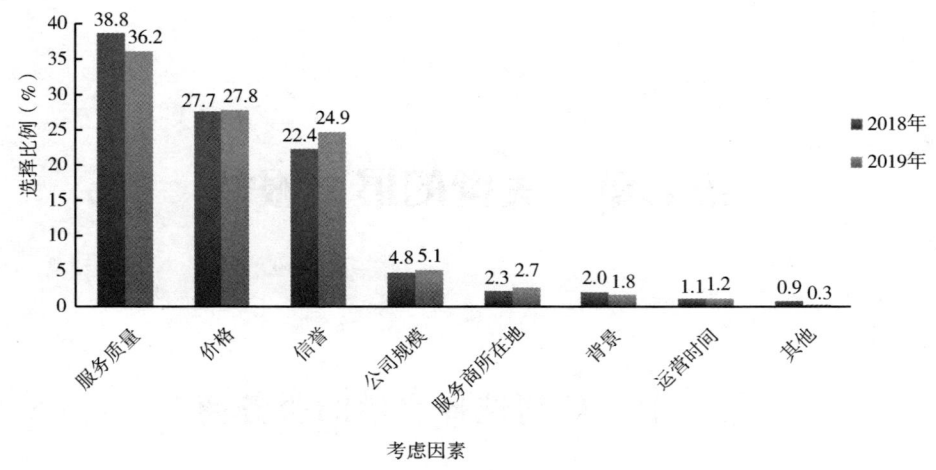

图 7-1 选择外贸服务商的考虑因素

第二节 展运服务

在整个参展过程中，展品运输作为关键的一个环节，至关重要。如果在展品运输这一环节稍有差错，将会严重影响企业的参展计划；有时，甚至会将耗资巨大的出展计划化为泡影。展品运输环节多、时间性强、费用开支大，但是它对出展的效果有直接的、重要的影响。

一、会展物流与一般贸易物流的区别

一般贸易物流的特点包括标准化、电子信息化、自动智能化和全球化等，这些会展物流都具备。但不同于一般物流，会展物流仅指的是参展物品的运输，供应链环节和组成上不同，逆向物流的重点不同，营销渠道不同。

1. 供应链环节不同

一般贸易物流是指生产制造企业或贸易商进行原材料采购、运输、包装、流通加工、配送等环节，最终运达目的地。会展物流指的是把参展物

流以及相关辅助材料从参展商处运至展馆，展会结束后，返回至参展商或展品购买者的运输过程。因此，会展物流的重点在于参展展品运输，并不涉及原料采购与产品生产。会展物流的供应链较短。

2. 供应链组成不同

一般贸易物流的供应链组成包括制造商、批发商、代理商、零售商和消费者，由于供应链链条中涉及的对象较多，链条较长，一旦形成都比较稳定。而会展物流中，供应链关系组成主要是展会主办方、组展方、参展商和展馆，当展会结束，展品逆向物流完成，供应链关系也将结束或重新有新的组成。

3. 逆向物流的重点不同

一般贸易物流其逆向物流主要是以产品的退回和废旧物品的回收为主，逆向物流的需求较少。会展物流中，逆向物流需求广泛，大部分展品将原样返回至参展商处，回运的过程和去程所需的时间、成本、操作流程基本一致。

4. 物权归属变化不同

一般的产品物流是伴随商流，也就是买卖交易过程而物权转移的。而在会展物流的整个过程中，展品的所有权和使用权都归展商所有，并没有发生变化。

5. 时效性要求不同

会展物流对时效性的把控尤为重要，在时间上具有很强的阶段性，在需求上具有双向性和不确定性，这要求会展物流服务商在方案的选择上把时效性放在首位，比如船期尽量选择直航，空运航线选择直飞，如非洲拆箱仓储服务时效性较差，不可控的情况下，会展物流服务商不应该选择拼箱的运输方式。所以会展能否成功举办的关键是如何在特定的时间里，满足参展商多种应急需求，而展品是否能准时无损到达展位对展会举办是否成功有很大的影响。

6. 货物的安全性要求不同

一般贸易物流经过工厂装货，目的地卸货，搬运装卸次数不多。会展物流运输环节较多，装卸次数、搬运次数、海关查验次数都是一般贸易物流的 4 倍以上，因此，包装有特殊要求。

（1）参展商与物流服务商的包装责任划分。包装材料需非常坚固，最好选择免熏蒸木箱或者航空箱，应做好内部抗震抗压措施，展运服务方将只能保证货品外包装箱的完好。如果在外包装箱完好的情况下出现机器内部的破损和故障，服务方不直接承担机器的赔偿责任，将协助相关的保险评估代理调查并界定赔偿责任。

（2）单个展品包装要求。展品外包装箱不能太小，建议将小件货物放在其他体积较大的包装里。同时，不要将两件或多件货物捆绑包装，以避免运输途中包装散落导致件数不清。为确保展品安全，包装箱上要求注明国际货物运输标志（如起吊点、重心、易碎、防潮、向上等）；禁止超重装箱。

（3）货损处理。如在现场发现货物包装破损请保留相关证据（如拍照等）并第一时间通知展运服务方，以便展运服务方及时协助后续安排。

（4）唛头填写。展商定仓后，展运服务方会提供唛头格式。展商应填写相应内容并贴唛，方便点货、识别及分拨。

（5）唛头标贴。唛头应选用不宜脱落的方式贴在箱子的相对的两侧，注意防潮防刮，不要贴在外包装的顶部。

7. 过程的可重复性不同

一般贸易物流一旦形成比较稳定的供应链关系，就会在这个链条上不断地重复或优化，具有连续性和重复性。而会展物流，每次会展活动组织是特定的，不具有重复性。过往的经验都仅供参考，组织方案和物流方案始终要保持创新。

二、如何选择服务

一些大型展览会的主办方通常会指定一个运输商作为其展览会的运输代理，统一办理展品运输事宜。会展运输代理商是主办方为方便展商而为其准备的备选服务项目，当然，展商也可以自行安排运输。

1. 展品运输的方式

出国展运输是展品运输中手续最为繁多的一类，涉及海关、检验检疫等多个部门。一般组展公司基本采用指定专业运输公司作为展品国内运输代理单位的方式，由它们负责展品的国内集中、报关和国际运输工作。

在运输方式的选择上，展品运输一般采取空运或海运。出展展品的运输一般在展览会开幕前3个月左右就开始运作，而鉴于航空运输高额的运输费用，所以一般采取海运的方式。海运的运量大、运费低、航道四通八达，是其优势所在；但速度慢、航行风险大、航行日期不易准确，是其不足之处。选择服务好、信誉佳的运输服务机构尤为关键。

2. 一般流程

以泰德胜物流为例，展品运输一般流程见图7-2。

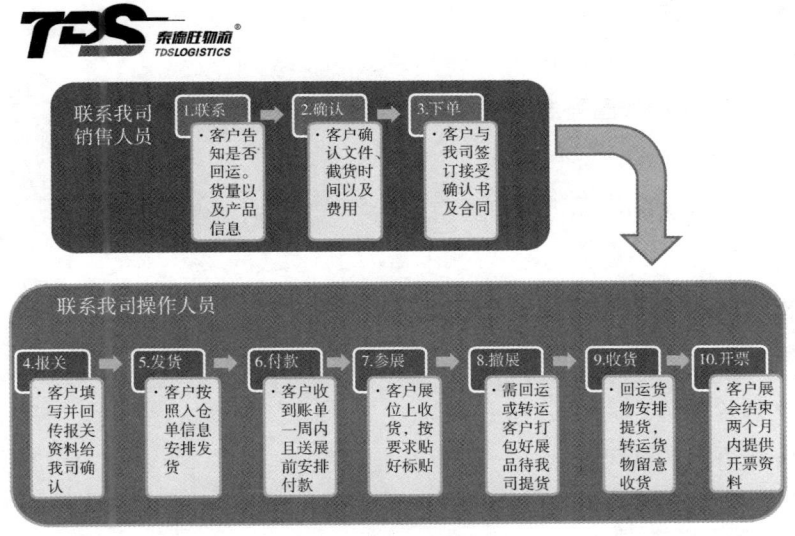

图7-2 展品运输流程

3. 价格构成

- 起运港：提货陆运费 + 仓储 + 报关费 + 海运费/空运费/铁路运输费
- 目的港：清关费 + 仓储费 + 展馆现场服务费
- 影响价格因素：组团货量、参展地区距离和清关难度、参展品的个性化运输要求

4. 对包装的要求
- 普通展品：泡沫棉+硬纸箱包装
- 易碎品/高货值展品：专业航空箱包装
- 机械设备：泡沫棉+非熏蒸木箱包装（木箱外可再加金属框架）

5. 有的地区展览运输展品必须回运
- 参展区域的海关壁垒：举办国处于对本土产品的保护
- 展品不具备参展区域市场的准入条件：展品的作用是参展，几乎各国的要求展品都是需要回运的，不允许未完税或未办理该国进口认证的展品进入市场

6. 展品运输中的风险
- 自然因素：台风、海啸、地震、火灾
- 政治因素：战争、时政变动、人员罢工
- 人为因素：单货不一致受到的海关处罚、商业风险

7. 对企业参加国外展览运输展品的建议
- 使用安全的产品包装
- 准备完善的展品进出口资质
- 选择专业的展会运输公司

8. 选择物流服务商的考量因素
- 行业经验的专业度
- 风险预案的完善度
- 主办方的认可度

三、资料来源

深圳市泰德胜物流有限公司

网址：www.seaever.com

二维码

泰德胜物流自2002年成立至今,已经有18年的专业展会运输经验,自始至终恪守运输责任,保证展品安全、准时、完好地到达展位。2002年在交通部注册成为NVOCC中的一员,编号02257,并相继加入了国际会展物流运输联盟(IELA)、全球展览业协会(UFI)、国际货代联盟(WIFFA)、中国国际商会(CCOIC)、广东省进出口商会。2018年全年泰德胜物流操作了400多个展会项目,涉及医疗、视听、建材、照明、印刷机械、金属加工机械、工程机械、纺织机械、安防、能源等28个行业。泰德胜物流作为本土物流企业,立足于本土,着眼于全球,在俄罗斯、美国、德国、迪拜、印度设有海外仓网络,能够为企业提供展会后的仓储及配送服务。为客户提供全方位物流解决方案,一直是泰德胜人孜孜不倦的追求。

第三节　展位搭建

一、小舞台,大不同

企业参加国际展会本身就是一个展示自己产品和企业形象的机会。但是同样的产品,怎么包装和展示,在一个动辄几千名展商的展会现场,给客商留下第一印象的往往就是展位的搭建。所以在一定程度上,展位搭建的好坏就决定了客户对参展企业和产品的观感。

国外展商的企业识别系统(CI)和视觉识别系统(VI)做得比较到位,简而言之,就是在展位搭建、使用物品及宣传资料等带有自身符号的地方使用一种统一的、能够突显自身形象的图案及色彩设计。

国外展商从展位到宣传品，甚至小饰品都带有统一的图案和色调，因此很轻易在几千家同类展商中脱颖而出，给过往客商留下深刻的印象。反观中国展商，展位、展品、印刷品或纪念品颜色各异，与其他展商的宣传资料放在一起，就轻易混淆。

（一）展台设计思考三部曲

（1）考虑本次展会目的，最想吸引的目标群体是哪一类。

（2）思考展示内容是否匹配参展目的，清晰统筹与分类展示内容，根据展台面积选择匹配的数量，追求精准定位而非数量堆积。

（3）考虑展示效果是否能为展示目的服务，空间如何能承载品牌形象，品牌形象是否有统一和延续的效果来增强每次展会输出的效果。找到一个设计元素来贯穿整个空间可以实现品牌形象的统一和延续性。

（二）精装展位的意义

品牌形象无处不在，作为大型企业，品牌价值有无形的穿透力，展览展示只是其中一种品牌展示行为，却是最不可忽视的渠道。在同行及观众眼中，精装是品牌气质和企业发展状态的窗口，如同人们会追求合适而精致的服装来展现魅力，因而精装展位对大企业来说是实力的展示。想要控制成本，则需要将空间设计部分进行成本分配。根据展会背景，结合品牌总体形象属性，把重点展示的部分聚焦突出展示，即70%吸睛点设计需在该区域体现，弱化非重点区域，细节设计上尽量艺术化处理来展示对品牌形象的要求，整体形象上的设计则需要简约轻盈具有艺术感，简单又不失优雅。

（三）标准展位如何更美化

对于标准摊位的美化，重点在于平面海报的设计。海报画面的颜色选择不要过多，标题清晰，挂画式展示图片文字信息可以增强美感，产品陈列展示柜需要结合产品特点进行特殊的美感设计。

（四）全球展台设计与搭建的新趋势

设计结构上趋于轻量化、简约化、设计内容丰富化，注重交互式的体验感是如今展览展示空间的设计趋势，未来展览上会更多使用大量的交互体验展项，让来访者和品牌实现更多线下和线上互动，从而增加品牌的传播度。低碳环保展台也是未来的趋势。除了可以重复利用的展台结构，轻结构、重内容是未来展览体现低碳环保的重要手段。

二、国外参展特装搭建的特殊意义

1. 以"中国智造"打造全球高品质文化项目，树立"文化自信"

"一带一路"倡议以来，中国以一个前所未有的开放格局面向世界，这让中国文化与品牌全球化进程的发展更加迅猛。

今天的中国，在国际舞台上，无论是举办企业展、商业展，还是文化展，都不仅是展出产品或展品，终极的价值在于传播中国文化、中国观点，讲述中国故事。"文化自信"已经成为中国文化与品牌"走出去"的前提。

2. 以全球视野和格局，整合资源，助推"文化一带一路"

（1）及时了解行业的信息，把握行业发展的趋势和规律；
（2）有利于考察国外市场的需求和发展潜力，从而调整自己的市场目标；
（3）接触不同国家的企业，学各家之所长，补自身的不足；
（4）树立公司的国际形象，提升国际地位。

3. 以文化科技为依托，助推中国文化与品牌"走出去"

如德马吉国际依托全球42个国家188个城市的市场资源和世界一流的文化科技研发能力，为"非标准化"的传统会展，设计了一整套"标准规则"，并研发了独有的"会展EI系统平台"，以下一代智慧展览陈列和云平台大数据的结合，帮助中国企业海外参展，以西方消费者喜欢的方式展示中国品牌，同时将品牌推向全球。

三、经典案例

下面以德马吉国际的搭建案例为例展示中国企业出展形象。

1. 格兰仕：柏林国际电子消费品展

2018年8月31日，一年一度的柏林国际电子消费品展（IFA）拉开序幕。作为中国制造走出去的代表——格兰仕携手德马吉国际以全系新产品惊艳亮相，展现时下最新智能电器消费趋势。德马吉国际以专业的水准、创造性的设计手法、高科技的展陈手段彰显格兰仕高端研发技术，传播企业文化，展现民族企业的实力和自信（见图7-3和图7-4）。

图7-3　格兰仕展位

图7-4　格兰仕展位

2. 固德威：2018 Intersolar Europe

2018年6月20日，Intersolar Europe在德国慕尼黑开幕。德马吉国际携手固德威，展示企业科研成果，彰显企业创新能力，与全球光伏企业同场竞技，展现中国光伏企业实力，向世界展示中国力量（见图7-5）。

图 7-5　固德威展位

3. 天马微电子：Display Week 2018

2018 年 5 月 21 日，Display Week 2018 在洛杉矶正式拉开帷幕。作为信息显示行业的全球性重量级活动，展会吸引了数千名与会者来到现场。德马吉国际携手天马微电子集团，展示领先显示技术，传播品牌创新理念，强化企业文化内涵（见图 7-6）。

图 7-6　天马微电子展位

4. 正泰：2019 年汉诺威工业博览会

2019 年 4 月 1 日，以"产业集成——工业智能"为主题的汉诺威工业博览会正式开展，来自 75 个国家和地区的 6500 家知名企业共赴这场工业界的超级盛宴，探讨在"工业 4.0"新阶段中，如何促进数字化转型、工业 5G 和人工智能发展。作为智慧能源解决方案提供商的正泰与德马吉国际共襄盛举，携最新技术研发产品亮相展会，通过"理念＋场景"的方式，展示集成能源的供给、存储、输变、配售、消费方案和智能制造上的应用探索，将"智慧能源，物联有源"的发展思路传递给世界（见图7-7和图7-8）。

图7-7　正泰展位

图7-8　正泰展位

5. 努比亚：2019年世界移动通信大会

2019年2月25日，一年一度的世界移动通信大会（MWC）在巴塞罗那盛大开幕，大会以"智能连接（Intelligent Connectivity）"为主题，聚焦"连接、AI、工业4.0、数字化"等热门话题，吸引了来自全球的知名通信企业参会，展示了AI、5G、IoT等行业前沿领域的全新产品和服务。这是一个展示自身产品实力的平台,德马吉国际携手努比亚惊艳亮相MWC,通过品牌文化的传播与宣扬,为努比亚打开国际市场争取了一席之地(见图7-9)。在本次MWC上,努比亚发布了重磅新品——全新的柔性屏"腕机"努比亚α(见图7-10和图7-11)。观众纷纷前来展台体验,引得多家媒体争相报道。值得一提的是,中央电视台(CCTV)对此进行了专题访问(见图7-12)。

图7-9　努比亚展位

图7-10　努比亚发布新品

图 7-11 努比亚发布新品

图 7-12 努比亚接受采访

6. 柔宇：2019 年世界移动通信大会

2019 年 2 月 25 日，一年一度的世界移动通信大会（MWC）在巴塞罗那盛大开幕。柔宇科技作为一家创新科技独角兽首次参展，携一系列柔性电子黑科技产品展出让人眼前一亮（见图 7-13）。德马吉以浪漫的艺术化手法赋予展台别具一格的造型，展台内部的树形结构格外引人注目，通过高科技的多媒体技术合理应用曲面大屏进行品牌文化的展示，周围的球型装饰增加了趣味性。

图 7-13　柔宇展位

四、资料来源

德马吉国际展览有限公司（DEMAGEMESSE）

公司网址：www.demage.com

二维码

　　德马吉国际展览有限公司（DEMAGEMESSE）（简称德马吉国际）是一家引领城市发展的城市文化产业运营专家，以定制化设计为核心，打造城市重大文化综合性项目，赋能城市文化全域产业建设，打造城市文化新名片，全方位激活品牌与文化，深挖城市文化之魂；通过城市文化综合体，打造展示、体验、产业、运营四大版块，重新定义城市主题文化创造

力，成功案例遍布"一带一路"沿线国家，成为中国与世界各国开展合作的桥梁。

德马吉国际历经近 15 年的锤炼，已经成长为一家业务覆盖全国乃至全球、占据主流城市市场的城市文化运营商企业，目前业务范围涉及 42 个国家和地区的 188 个城市，包括展陈空间、主题馆、科技馆、文化综合体、特色小镇、主题策展、文创运营等；同时助力华为、中车、美的、中国移动、德邦、万达、vivo 等世界五百强企业推广品牌文化，增加核心竞争力。

德马吉国际是国家认证的高新技术、科技小巨人、上海名牌企业；通过 ISO900 质量管理、环境、职业健康三位一体体系认证，拥有国际 IFES 和 EDPA 会员资质，拥有中国展览馆协会、上海会展行业协会、中国多媒体行业协会一级资质，是业界少有的"中国顶级＋世界级"资质企业。

在文化科技研发上，德马吉国际也不余遗力自主研发，通过近两年的努力和实践，产品获得了 2018 年上海文化和旅游局科技进步奖一等奖，获得了上海市服务业引导资金的支持。同时，德马吉国际还将自身文化科技优势应用于会展经济，贴合国家"一带一路"倡议，累计策划、实施的全球会展次数超 6000 场，展出总面积在 480 万平方米以上，累计帮助 1.5 万多家企业在全球开展了品牌文化与形象展示工程，其中包括我们耳熟能详的华为、阿里巴巴、中石油、TCL、康佳、长虹、海尔、美的、格力、海信、传祺汽车等企业，为中国自主品牌"走出去"做出了大量务实、落地、有效的推动工作。

德马吉国外展览搭建的竞争优势：

（1）一流的文化创意能力：拥有百人设计创意团队，意大利设计总监、国际潮流艺术家团队；

（2）雄厚的海外项目实施经验：500 多个成功项目案例；

（3）全产业整合优势：业务板块涵盖上百个行业，创意＋施工＋运营一体化整合；

（4）强大的人才优势：汇聚行业精英，"德马吉创意课堂"不断提高人才素养。

第八章　成功参展小贴士

第一节　三大纪律八项注意

出国参展企业大小不一，对参展的认识不同，参展的经验不同，参展的效果更是大不相同。企业不远万里去国外参展，如何能够保证参展效果？说到底，参展不注意纪律，则不会有完美的形象；参展不注意细节，就不会有良好的效果。因此，企业参加国外展览，一定要牢记"三大纪律八项注意"。

一、三大纪律

（1）不要展出侵权产品；
（2）不要在展位上吃东西；
（3）不要提前撤展。

二、八项注意

（1）展前充分准备，明确参展目的；
（2）布展要突出重点；
（3）参展时主动热情；
（4）不要在展位上玩手机、闲聊；
（5）展商也要参观整个展览；

(6) 参加展览同期活动；

(7) 投放配套广告，扩大展览成果；

(8) 注意防盗。

第二节 知识产权

一、出国参展为什么要重视知识产权

随着经济的发展以及会展业的繁荣，产生了许多相关的问题，不得不引起我们的重视。参展企业普遍遇到的知识产权纠纷是摆在我们面前最为棘手的问题之一。

参展中可能会涉及的知识产权纠纷，大多在专利与商标两方面，二者共同的特点是专有性，无论专利或商标，经法定程序获得后，即受法律保护，所有权人享有排他的权利。未经权利人许可，任何人不得以生产经营为目的擅自使用、生产、销售或进出口专利产品和具有相同商标的产品，否则即构成侵权，从而受到法律的惩罚。

对参展企业来讲，要做好以下的相关事宜。一是要对展出的"新品"进行专利检索，对自己开发的新产品要及时申请专利以取得产品"出生证"；二是企业对自己展示的物品做好"历史记录"；三是在展会上要避免冲突，展后及时补救。

二、赴德参展知识产权 10 问 10 答

1. 德国展会在知识产权保护方面的法律或法规有哪些？

德国与展会相关的法律制度有专利制度、实用新型制度、外观设计制度、商标制度、版权制度，以及不正当竞争法中与知识产权的保护有关的制度等。其中，专利制度和实用新型制度的内容，除要考虑德国国内法的

规定之外，还需要注意欧洲专利公约中的相应规定。

2. 德国知识产权保护部门有哪些？

德国知识产权保护部门有：

德国专利和商标局——负责登记、审核和发放证书等管理和服务。

检察机关和法院——检察机关在法定情形下进行刑事追诉，由法院裁决。

联邦司法部——负责政府层面的相关法律的制定。

海关——知识产权权利人可以寻求海关在出入境环节对侵权嫌疑商品的"查扣"和"没收"。依照欧盟通过的相关法律指令和规定，这一过程可能非常严厉和高效。

如果到港货物所有人在10个工作日不对扣押提出异议，这些货物就会被正式查封和销毁。要注意的是，企业在海关的查封记录还将影响被控权利人以后的产品清关，即使以后的产品没有侵权嫌疑。

3. 参展企业涉及的知识产权纠纷都有哪些可能的情况？

参展企业可能遇到与知识产权相关的情况有：

警告函——警告函一般由警告人的律师撰写，希望争议双方自行协商解决争议。警告函会限定期限，一般从几个小时到一周，在展会上一般是几个小时，如收到警告函的一方拒绝签署停止侵权的声明，警告方将会采取进一步的法律手段。

诉前临时禁令——在德国会展知识产权纠纷中，常见的一种对知识产权保护的措施就是诉前禁令，其目的是为了对权利人提供及时有效的法律保护，以免因拖延导致无法弥补的损失。权利人律师撰写临时禁令申请书递交法院，法庭可在被申请人无听证的情况下立刻审判，并下达对被控方的临时禁令。

海关查封货物——在有临时禁令的前提下，海关可以在口岸和展会现场对涉嫌侵权商品进行扣押、查封展品、清空展台。被执行的参展企业的参展将被迫中止，如果这样，将蒙受巨大的经济损失和声誉损失。

产品被警察没收——如果被控侵权人没有及时对临时禁令和海关查封

采取有效的法律手段，产品可能被警察没收。

法院诉讼——参展企业因知识产权纠纷被执行临时禁令，对有争议的情况可以向法院起诉，按照德国法律走法律程序。

4. 如何答复警告函？

被警告人必须调查设计侵权问题的专利状况，确认是否存在侵权行为。如果警告是合理的，被警告人应当停止侵权行为，如收起侵权展品和相关目录。如果被警告人在警告函上签字，表明严重侵犯专利权的威胁已经解除，警告人不再申请诉前临时禁令。

如果警告方的要求不合理，则被警告人不必进行答复，但可以与对方合理交涉，避免官司。同时，向法院提交保护函，争取法院不根据警告人的一面之词下达临时禁令。

5. 怎样提交保护函，防止参展时被执行临时禁令？

保护函是针对法院诉前临时禁令的最有效防护措施。一般由被申请人委托律师书写和递送，也可以由被控侵权人撰写和签署，由专业律师翻译并递交法院。保护函是诉前临时禁令程序中被控侵权人陈述自己法律主张的唯一机会，也为当事人赢得时间反击不公正的投诉。在提交了保护函的案件中，法院通常不会不经庭审就直接颁发诉前禁令。由此，被控侵权人就不会在毫不知情的情况下突然收到一份已经生效的诉前禁令，从而降低自己面临的风险。

6. 参展前企业应做好哪些预防展会知识产权纠纷的措施？

首先，企业在赴德参展前应当组建国内危机处理团队，培训参展人员相关知识，让参展人员掌握基本情况和应对策略。其次，如已有知识产权纠纷的风险，要做好相关的预案。展会的知识产权纠纷是一种特殊纠纷，现场和后期应对只是补救措施。要想避免展会现场发生纠纷，要提前做好各项预防工作。如果已经知道德国竞争对手的情况，应提前对其产品进行检索，最大限度避免因过失而引起纠纷。例如，对参展材料，包括展品、包装、宣传印刷品、宣传视频、公司中英文网站等进行对照检索，确认不存在商标、专利等方面的侵权风险。最后，指定专门人员负责展会现场的知识产权纠纷，提前联系好德国律师事务所的律师。对于大型企业来说，预留应对展会知识产权纠纷的专项资金也是为后续的法律程序预留余地的办法。

7. 展会现场如何应对知识产权纠纷？

参展商在展台上，可以在展品边张贴"禁止拍照"的标识。这是防范展品被拍照后作为呈堂证据。根据德国法律，已经表明禁止拍照的展品被照下来后不被法院采用。

当海关到现场查封展台时，被查封者常常还需要支付500~5000欧元的罚款，并会被要求离开。在这种情况下，被查封者不要试图和海关人员争论，也不要草率签署递交到手中的文件，而是尽快让律师介入，让专业律师解决这类问题。

8. 展会结束后，参展期间的知识产权纠纷的后续解决办法有哪些？

参展企业应在国内知识产权专业人士和德国律师的共同帮助下，了解清楚公司被查抄的产品是否涉及侵权。如果不存在侵权，而是对方滥用专利权，则应该立即在诉讼时效内向当地法院提起诉讼，要求撤销临时禁令，权利人赔偿由此带来的经济损失，或者向当地海关要回被扣押的参展产品。如果的确涉及侵权，应积极和权利人达成和解，获得授权。

9. 假如知识产权纠纷到了打官司的地步，在德国民事诉讼的大致流程和费用情况如何？

在德国法律制度中，权利人主张知识产权保护最常见的方式是向民事法庭提起诉讼。正常的民事诉讼需要5~6个月的时间，复审程序更长，如果对复审判决再次提出上诉，则整个程序要花掉几年的时间。通常的知识产权纠纷案件需要12~14个月。

关于诉讼费用，一般由败诉方承担法院受理费和双方的律师费。

10. 德国参展知识产权纠纷胜败概率是多少？会不会越来越对中国企业不利？

一直以来，德国企业利用知识产权来保护自己的市场利益，它们所采取的法律手段有的是针对真正的侵权方，有的可能被使用在侵权不明显，甚至不构成侵权的情况下。因此，中国参展企业应当制定合适的措施，以使自己免受不公正的知识产权攻击。

从德国律师事务所提供的信息来看，德国展会出现的数量逐年上升的侵权纠纷中，侵权不成立的案例占全部起诉的6%~10%。有七成的纠纷可以不上升到诉讼手段解决。德国很可能将对知识产权纠纷采取更严厉和快捷的法律手段。

第三节　常用网站、新媒体工具推荐

常用的国际展览专业网站包括：国际展览业协会（UFI）官网，网址为www.ufinet.org；德国展览业协会（AUMA）官网，网址为www.auma.de；ShowsBee，网址为www.showsbee.com；国际贸易展览会名录，网址为www.expodatabase.com等。通过这些网站可以查询到一些国外展览信息，但是这些网站没有中文服务。同时，也有一些国内机构创立的网站，如国际展览导航网、中国会展网、去展网、万秀网等。下面给展商重点介绍几个新媒体工具。

1. 展云网（www.gofairs.net）

为了帮助中国企业找到自身合适参加的展览，展云网收集、整理和发布最新的国外展览，帮助出口企业用多种方式方便地搜索和发现展览、跟进展览的最新变化、评价展览的优劣。同时，展云网为优质国外展会提供自主发布、自我管理、直通出口企业的高效宣传平台。

2. 易展平台（yz.tradetree.cn）

借展出海易展平台是利用手机微信服务号，为出展业搭建的资源对接平台，参展企业和组团公司参加国外展览，找展览、展位、展团、搭建、运输和商旅等服务，只要发布需求，各项服务都能迅速搞定，使得参加国际展览变得更加轻松。无论用手机或电脑，注册即可免费使用。

3. 借展出海 QQ 群（1380459983）

借展出海 QQ 群汇集众多外贸企业和代理机构，通过腾讯 QQ 软件进行日常沟通，是国外展览信息交流平台。

第四节　参展商常犯的 10 种错误

一、展前

（1）参展目的不明确。明确企业参展的最终目的有助于其他的工作的完成，如展览目的是为了推销公司产品并助其走向市场，在整个参展主题、展位布置、产品摆设等设计都应该围绕这个主题。

（2）不阅读参展商手册。参展商手册里面有大量关于展览会的指南，如展览日程安排、登记程序、参展商资料、服务项目、广告促销等信息。

（3）时间安排不充裕。展前要仔细地研究销售市场，充分做好展前的各项准备工作。

（4）忽略员工的培训。事实上，参展员工培训是建立团结专业形象的必需，应提前照会他们参展目的、内容及期望。应选派熟悉情况可以做主的人员赴会，如果展览的产品是有关技术和仪器设备，还应选派懂技术的工程师，以解释有关技术问题。

二、展中

（5）忽视观众的需求。通常参展人员都感到有义务尽量为参观者提供信息，却忽视他们的真正需要。参展人员缺乏发问技巧而常常错过一些重要信息。

（6）不重视与陌生人交流。参展的目的不是多接名片，是要修炼能耐吸引客人自愿在展位多逗留，自愿坐下来，和企业多谈谈产品，让客人记住你。

（7）不争分夺秒。很多人参展期间晚上喜欢去逛街。但每次参展时间很短，一定要争分夺秒跟进客户，为自己争取机会。

（8）不重视新闻传播环节。展会期间，各种媒体非常关心并热衷报道，企业一定要抓住一切可能的宣传机会。

三、展后

（9）忽视展后工作的跟进。展览会结束之后，越长时间不跟进这项工作，则越被荒置。企业应于展览会前建立时间表，以便每日跟进工作。

（10）忽略展览会评估。企业越了解在展览会上的表现，越有助于今后展会的改进工作。展览会各不相同，每场展览会都有优缺点，永远都有尚待改进的地方，每次展览会结束应立刻与员工共同进行评估，以便不断改进。

第五节　为什么需要参展人员专业培训

选配参展人员是一项非常重要的工作，要认真选择、配备展台人员。展台形象不仅靠展台布置也靠参展人员，展台人员的素质和表现会给参观者留下印象。好的印象有助于展出成功，坏的印象则会导致失败。而且，很多参展企业将展台作为培养新手的场所，展会确实是一个培养人的好地方，但这样代价太大，因为赴海外参展各项费用非常高。所以，应该严格选择参展人员，挑选的条件要考虑以下方面。一是，最好选择有经验、有知识、有技术的管理和业务人员，以确保展台工作的质量和效果。二是，如果选择"新手"参展，则在展览前应该系统地对其进行专业培训，其内容至少包括销售技巧、产品专业背景知识、产品技术和产品操作等方面。三是，注重人员的基本素质，如相貌、声音、性格和能动性等方面的挑选。四是，根据工作量的大小决定人员数量。

合格的参展人员也有多种来源渠道，如总部派遣人员、当地人员和临时雇员。总部人员熟悉产品，能通过展会了解当地市场情况、熟悉当地市场客户，积累展览和贸易知识、技术和经验并在将来长期继续使用，但参展费用较多。当地人员一般指分支机构或代理的人员。他们熟悉市场、客户和当地的风土人情，容易开展工作，同时可以节省交通、住宿等方面的费用。但也有缺点，如当地人员可能同时为自己或其他人谋利益，从而使企业利益受到损失。有时，参展企业也专门雇用临时人员，由于他们更熟悉当地市场，可能不需要差旅开支，不会影响总部或当地机构的正常工作，且易于指挥。但缺点是，他们对参展企业的长期目标可能不关心，不能尽心尽力，对展品可能了解甚少。

因此，参展企业要根据实际情况合理选择参展人员，如展台经理通常由总部人员担任，而辅助人员可以在当地雇用。重要的参展人员应尽可能从总部选配，不重要的人员则可临时雇用当地人员，并且要加强现场培训，如专业知识、产品性能和演示方法等。

参考文献

[1] 蓝星，罗尔夫·米勒. 出国参展指南：国际参展成功之道［M］. 北京：中国旅游出版社，2016.

[2] 中国国际贸易促进委员会. 中国会展经济发展报告［M］. 北京：中国经济出版社，2010.

[3] 马勇，冯玮. 会展管理［M］. 北京：机械工业出版社，2006.

[4] 梁颖. 赴德参展知识产权关键问题解答［J］. 进出口经理人，2014（5）：78-79.

[5] 丁军. TTM 全面外贸管理与案例分析［M］. 北京：机械工业出版社，2016.

[6] 李前. 2019 年中国外贸服务市场调查报告［J］. 进出口经理人，2019（10）：46-50.

[7] 李璐. 2019 年企业出国参展情况调查报告［J］. 进出口经理人，2019（10）：69-70.

[8] 邱源斌，李璐. 2019 年世界商展 100 大排行榜［J］. 进出口经理人，2019（7）：69-76.

[9] 李前. 大热门 TOP10——最受中国企业推崇的十大境外展［J］. 进出口经理人，2020（4）：69-72.

广告

一本引领国际化的企业商务杂志

贸易金融
借展出海
国际物流
检测认证
环球市场

QQ群：174278186
微信：jckjlr2013

《进出口经理人》创办于1988年，是专业的外贸信息传播机构。秉承商务利器，天下生意的理念，以前沿、务实、轻松的风格，为外贸经理人提供专业的环球市场信息和拓展海外市场的方法，呈现多彩的外贸生活，追求可持续的外贸发展之路。

Imp-Exp Executive 进出口经理人

网址：www.tradetree.cn
电话：010-88379140
邮箱：tradetree@tradetree.cn

杂志｜网站｜APP｜电子刊｜手机报
QQ群｜微信｜微博｜会议｜调查

出国参展手册 | 专家编委

马士英
北京鸿世通国际会展有限
公司总经理

王艺琳
上海睦邻展览有限公司
总经理

王京东
远大展览工程公司首席商务

左利杰
北京中展环球国际展览有限
公司总经理

师欣欣
德马吉（全球）展览有限
公司总裁

任恩杰
北京恒立伟业国际展览有限
公司总经理

刘子桢
中展世贸（北京）国际会展
有限公司总经理

米亚赛·吐尔逊
科隆展览（中国）有限公司
总经理（出国展）

李文兵
北京巨友华宇国际展览有限
公司总经理

李威
飞屋环球国际展览（北京）
有限公司总经理

杨明
西麦克国际展览有限责任
公司总经理

何婷
北京东方益达国际展览有限
责任公司副总经理

何缅芝
深圳市泰德胜物流有限公司
副总经理

张爽
北京阳光麦道展览服务有限
公司运营总监

张琳
北京中联国际展览有限公司
总经理

张雅竹
远大国际展览有限公司
副总经理

出国参展手册 | 专家编委

VIKAS DUA（阿杜）
印度光辉旅游
总经理

周琪
北京朗盛世纪展览有限公司
总经理

周祺
杭州嘉诺展览有限公司会展
服务事业群总经理

孟祥东
北京引企成国际会展有限
公司总经理

段婧
北京辉煌魅力商务会展有限
公司总经理

耿银
北京中商国际展览有限公司
总经理

贾长乐
Hyve Group
副总经理

徐卫华
北京东方鹿鸣国际展览有限
公司总经理

徐佳
慕尼黑展览（上海）有限公
司首席运营官

徐涵
广州环球搏毅展览有限公司
总经理

郭奕千
纽伦堡会展服务（上海）有
限公司董事总经理

符杰
拉码商务咨询（上海）有限
公司总经理

梁瑞莉
上海逸岚国际会展服务有限
公司总经理

戴丽君
北京中咨时代国际展览有限
公司总经理

机构：

中国化工信息中心

汉诺威米兰展览（上海）有限公司

广告

展会运输服务

- **18年**境外展会操作经验
- 境外展会运输服务**一条龙**至展位
- 展会现场服务**配套有专项人员协助**

海外仓服务

- **6年**的跨境电商物流经验
- 实时的海外仓系统**查询系统**
- **分仓、贴标、派送**的个性化服务方案

测试品运输

- 可满足货物**临时转永久**进口的个性化方案
- 长达**8个月**海外逗留时间
- 样品**0关税**进出口

电话:0755-25157768   邮箱:TDS@seaever.com

Copyright © 2020 Shenzhen Talent & Seaever Logistics Co., Ltd.

广告

拉码咨询
LAMA CONSULTING

公司简介

总公司Lama Eventos e Viagens Ltda(巴西拉码展会有限公司|巴西拉码国际旅行社) 位于巴西圣保罗，是一家巴西当地注册的跨国性展会综合服务公司，并在上海设有分公司——拉码商务咨询（上海）有限公司。公司专注于拉美地区展会、会议活动和地接业务逾10年，致力于打造中国－拉美经贸交流合作服务平台。

我们与拉美各行业协会、展会主办、民间组织、酒店集团、餐饮行业以及车辆公司关系良好，合作紧密，每年为众多入境拉美的中国展团、旅游团、公务考察团提供了品质优良、价格优惠的产品及服务。

展会搭建

商旅地接

活动会议

拉美展会综合服务商

立足巴西　服务拉美
Based in Brazil Serving in Latin America
服务范围：巴西　智利　阿根廷　哥伦比亚
　　　　　秘鲁　墨西哥　巴拿马　古巴等

中国
拉码商务咨询（上海）有限公司
电话：86-021-32568215
邮箱：rachellee@lamabc.com
网址：www.lamabc.com
地址：上海市普陀区中山北路3000号长城大厦1201室

巴西
巴西拉码国际会展有限公司|巴西拉码国际旅行社
Lama Eventos e Viagents Ltda
电话：55-11-23859376　55-11-26409376
地址：Rua Serra de Botucatu, 880, sala 1810 ,03317-000,
　　　Tatuapé, São Paulo,Brasil

恒立伟业国际展览
www.heliview.cn

搭建全球贸易平台 · 扩大企业财务源泉

| 全球参展 | 会议组织 | 出国服务 | 咨询培训 |

广告

嘉诺出展服务
Exhibition Service Provider Group

嘉诺出展服务（简称ESPG）是嘉诺会展旗下的独立事业群。定位于全球范围，ESPG长期致力于为中国企业提供海外参展的综合服务，由"展位类"及"商旅类"两大服务模块构成。ESPG拥有全球化视野，服务地区触达77个国家，行业覆盖汽车配件、照明能源、五金建材等12大类目，与业内诸多优质展会建立了良好的合作关系。基于不同行业、不同国家的市场信息，ESPG可为企业提供目标市场的咨询服务，帮助制定优质参展策略。

轻松参展 贸易全球

 0571-28207160

 www.jrexpo.com

广告

YINQICHENG EXHIBITION
引企成会展

北京引企成国际会展有限公司于2008年在北京成立,是一家助力中国外贸出口企业以展会为依托开拓海外市场的专业会展服务机构。主要提供各行业知名国际展览会的参展、参观、签证咨询、地接、展品运输、海外市场推广等服务及咨询业务。

创立之初,主要定位于全球行业相关行业,随着公司的不断发展,引企行业为中心,辐射食品及相关行业国外展务会代理机构,以食品成在食品行业展会已拓展到综合食品、食品配料、水产、果蔬、清真食品、冷冻、素食、有机食品、甜食、休闲食品、烘焙食品、食品包装等领域。健康食品、原料食品、精细食品、食品机械、食品展会综合、专业引企成会展也成为中国组织参与国际食品展览届的多啦A梦,百宝箱;的展览公司,被业内人士称为食品类展会还在美客、畜牧、宠物用品及汽配除了食品领域外,引企成会展在这方面也有较强的优势。

丰富的展会操作经验以及展会资源优势,使得引企成会展拥有大批的忠实客户,为客户提供及时的信息、详尽的咨询、细致的服务是引企成会展永远不变的追求。

经营理念
专业 效率 公平

团队理念
超越自我 追求卓越
团结一致 奋发图强

服务宗旨
诚信为先 客户至上

广告

IRAN

专注伊朗市场

飞屋环球国际展览（北京）有限公司
FLYING HOUSE INTERNATIONAL EXHIBITION CO., LT

电话：13311587838　QQ/微信：10314825
邮箱：flyinghouse08@163.c
网站：www.flyinghouseexpo.com　www.expo-fh.c
北京市通州区通胡大街中北商厦305B室　010－656612
江苏省昆山市花桥中城广场4栋1905室　0512－368338

广告

德马吉地址：上海市闵行区景联路257号1号办公楼3F-5F
电话：400-820-1587
网址：http://www.demage.com/

城市文化产业运营专家　全方位激活品牌与文化
MESSE SERVICE

德马吉国际展览有限公司（DEMAGE MESSE）是引领城市发展的城市文化产业运营专家，以定制化设计为核心，打造城市重大文化综合性项目，赋能城市文化全域产业建设，全方位激活品牌与文化，通过城市文化综合体，打造展示、体验、产业、运营四大版块，重新定义城市主题文化创造力。历经近15年的锤炼成功案例遍布一带一路沿线国家，业务覆盖全国各地乃至全球，目前业务范围涉及188个城市，42个国家和地区，同时助力华为、中车、美的、中国移动、德邦、万达、vivo等世界五百强企业推广品牌文化，增加核心竞争力。

DEMAGE MESSE

德威：2018 Intersolar Europe

天马微电子：Display Week 2018

格兰仕：柏林国际电子消费品展览会

正泰：2019汉诺威工业博览会

努比亚：MWC 2019

柔宇：MWC

广告

BIG EXPO 环球博毅

印度　美国　德国　日本

2021 ▶ 1月26 1月29

日本 东京

日本物流综合展

上届回顾：
展商规模：479家（共2435个展位）海外展商：29家（共37个展位），来自6个国家和地区观众规模：74,520人次海外观众：2743人，来自22个国家和地区本届规模（预计）:700家展商（共3800个展位）

美国亚特兰大国际物流展览会

美国 亚特兰大

上届回顾：
2018年美国亚特兰大国际物流展览会展出面积共283,025㎡，吸引了来自25个国家及地区的926家参展商，同时吸引了30,944名专业观众前来参观采购，观众人数同比增长25%。

德国汉诺威国际物流展

德国 汉诺威

上届回顾：
2018年德国汉诺威国际物流展与德国汉诺威工业博览会同期举办，两个展会展出总面积达230,000㎡,共吸引了来自75个国的5800家参展商，来自中国、荷兰、波兰、美国、墨西哥等国家的专业观众高达210,000名。

印度国际仓储物流展览会

2021年01月26-29日

印度 新德里

上届回顾：
2019年第9届印度国际仓储物流展览会再铸辉煌吸引了专业观众12,293人，较往届取得了前所未的增长，同时，展会还吸引了来自10个国家250多家参展商。

2016年度中国诚信服务企业
2017年度中国十佳会展服务商
2018年度广东省守合同重信用企业

程淑峰　138 2440 6131　020-6631 9004
叶　柳　159 2056 9499　020-6631 7661
孙婧婷　135 7053 9086　020-6631 9003(外联)
徐　涵　138 2640 5840　020-6631 9009

地址：广州市海珠区新港东路1022号保利世界贸易中心E座3308-3309室

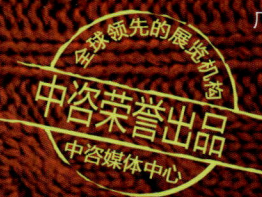

Consultac

2020 全球医学展览及会议宝典
Global Medical Exhibition and Conference Bible

专业展览和会议

- 全球医疗
- 牙科口腔
- 制药生物
- 骨科整形
- 胃肠消化
- 泌尿肾脏透析
- 呼吸肺病
- 急诊急救
- 心脏血管
- 普通外科
- 妇产生殖
- 眼科视觉
- 神经医学
- 内分泌
- 微生物传染病
- 运动医学

- ★ 康复老人护理
- ★ 实验室生化
- ★ 兽医宠物
- ★ 劳保安全消防
- ★ 微创内窥镜
- ★ 肿瘤癌症
- ★ 麻醉疼痛
- ★ 重症监护
- ★ 心胸外科
- ★ 耳鼻喉头颈
- ★ 皮肤整形美容
- ★ 超声影像放射核磁
- ★ 儿科
- ★ 风湿免疫
- ★ 血液学
- ★ 消毒灭菌

2020年部分展会
持续更新中……
请关注公众号

遍布全球90+国家
400+医学展览会
400+医学专业会议

中国企业走向世界的专业选择
贵宾热线 010 8225 8800
登录consultac.com.cn了解更多！

北京中咨时代国际展览有限公司
Tel:010 8225 8800　Fax:010 8225 0600
Email: info@consultac.com.cn
北京西城区裕民路18号北环中心1605　邮编：100029
中咨媒体中心出品

请关注公众号获展览新计划

EXLAND EXHIBITION
CULTURE
关于逸岚

● **让全球贸易更繁荣**

上海逸岚会展是一家专业的B2B展览公司，是中国领先的境外参展服务、境内展会组织方、展台搭建服务商，以"让全球贸易更繁荣"为愿景，力于促进各地区、各行业的贸易发展。

● **2010年·中国 上海**

公司成立于2010年，截至目前，成立四大事业部，分别为母婴、零售、设计、展览展厅设计搭建事业部，秉持专业、极致的服务理念，在每个细分市场中争取做到行业领先。

全球展会营销专家
Shanghai Exland Exhibition
Global Exhibition·Marketing Expert

4大业务板块 母婴 | 零售 | 设计 | 展览展厅设计搭建

- 2019年，母婴事业部、零售事业部全球出展面积及组团人数稳居行业**前列**；

- 设计周事业部与上海市政府合作"上海设计周"，取得了良好和广泛的社会与经济效益；

- 展览展厅设计搭建事业部，以文化创意为核心，从概念设计到落地实施，全产业链化服务全球重大展会，旨在帮助中国企业提升品牌形象。

- 公司形成境外展代理、境内展主办、拥有设计、搭建团队为一体的综合展览方案提供商，年营业额复合增长率超过20%，创立9年来，逸岚会展凭借良好的客户口碑和精准的公司定位，成长为业内知名的展览企业品牌。

上海逸岚会展服务有限公司

电话：021-36538806
邮箱：info@sh-exland.com
网址：www.yilanwin.com
地址：上海市静安区彭江路602号C座402室

广告

风雨同舟
一路走来
感谢有你

外展品牌服务商
工业、汽车及零部件、金属加工及机床、
医疗器械、轨道交通、电子通信

 北京中商国际展览有限公司
http://www.zhongshangexpo.com/

微信

广告

易展
让出展更轻松

借展出海 易平展台
Sail by Exhibition
沟通　信任　分享　合作

想参加国外展览？
找展位、组团公司、找搭建等服务……就找易展平台

yz.tradetree.cn

（微信扫二维码或搜"易展"）

易展平台是为出展商、展览公司和服务商之间搭建的对接平台，由进出口经理人 | 借展出海开发和运营，全部数据严格保密。

借展出海易展平台
电话：010-88379015
邮箱：tradetree@tradetree.cn

互联网＋出展